TAIGUO

丝路文苑

他乡故事 泰国

［泰］ 梦凌 编著

SPM 南方出版传媒
花城出版社
中国·广州

图书在版编目（ＣＩＰ）数据

丝路文苑·他乡故事. 泰国 ／（泰）梦凌编著. ——
广州 ： 花城出版社，2017.1
ISBN 978-7-5360-8183-3

Ⅰ. ①丝… Ⅱ. ①梦… Ⅲ. ①泰国－概况 Ⅳ.
①K91

中国版本图书馆CIP数据核字(2017)第005836号

出 版 人：詹秀敏
责任编辑：曹玛丽
技术编辑：凌春梅
装帧设计：刘　畅

书　　名	丝路文苑·他乡故事. 泰国	
	SILU WENYUAN TAXIANG GUSHI TAIGUO	
出版发行	花城出版社	
	（广州市环市东路水荫路11号）	
经　　销	全国新华书店	
印　　刷	广东新华印刷有限公司	
	（广东省佛山市南海区盐步河东中心路23号）	
开　　本	880 毫米×1230 毫米　32 开	
印　　张	5.875　1 插页	
字　　数	150,000 字	
版　　次	2017 年 1 月第 1 版　2017 年 1 月第 1 次印刷	
定　　价	28.00 元	

如发现印装质量问题，请直接与印刷厂联系调换。
购书热线：020 - 37604658　37602954
花城出版社网站：http://www.fcph.com.cn

前言

在两国政府和人民的共同努力下，中泰建交 41 年来，中泰关系始终顺利稳步发展，中泰关系的层次不断提升。根据 1999 年中泰两国签署的关于 21 世纪合作计划的联合声明，以及 2001 年中泰两国联合公报，中泰双方确认将中泰关系提升到"战略性合作"关系。泰国已成为中国在东南亚地区最亲密的合作伙伴之一。中国领导人多次指出，中泰关系是不同社会制度国家睦邻友好和互利合作的典范。

泰国华人以广东人居多，其中潮汕人、客家人占了 75%。泰国的华人究竟有多少，不同年代不同的数据显示，几百万的，上千万的，很难有一个统一的数字，但令人震撼的是每年清明节到来时泰国政客纷纷祭拜祖先，而清明节恰恰是泰国华人最隆重的日子，可显得华人华裔之多。

2016 年对于泰中两国人民来说是一个非凡的年度，其一是泰中建交 41 周年，其二是泰国诗琳通公主 61 岁华诞，泰中两国无论是官方还是民间纷纷举办了庆祝活动，诗琳通公主是中国通，亦是泰中两国的文化大使。

《丝路文苑·他乡故事》泰国卷，精选了在泰国的中国人和华人在经济贸易、社会服务、文化建设、中外交流方面的代表性人物、个案，以文学纪实的形式予以记录、描述，并配以相关照片。

感谢《世界华人周刊》副主编李峰、北京的白舒荣老师和编委会各位同仁，他们对《丝路文苑·他乡故事》丛书的泰国卷的组稿撰写等事项起了很大作用。

《丝路文苑·他乡故事》从这里开始，我们讲述在泰国的中国人和华人的故事，他们的名字将永远留给读者。

梦 凌

2017 年 1 月 1 日

目录

友好使者

链接

泰华文学

链接

中华流韵

友好使者

中国缘

——记泰国诗琳通公主

泰王国诗琳通公主，即玛哈扎克里·诗琳通（Maha Chakri Sirindhorn），1955年4月2日出生于曼谷，1976年毕业于朱拉隆功大学，1979年获该大学东方语铭文专业硕士学位，次年获梵文－巴利文专业硕士学位，1986年获诗纳卡林威洛大学发展教育学专业博士学位。她在文学、音乐、绘画方面有很深的造诣，著有《顽皮透顶的盖玛》等多种小说、散文和诗歌作品。现任泰国国王秘书、泰国红十字会副会长、帕尊宗浩陆军军官学校历史专业教授。

诗琳通公主聪颖好学，年幼时便在国王及王后指导下开始学习中国历史和中国文学，能说一口流利的汉语，鉴赏中国古代诗

词，擅长中国书画，能用二胡等中国民族乐器演奏。早在 1977 年，诗琳通公主即对中国文化发生了浓厚的兴趣。1981 年 5 月，她首次访问中国，成为泰国王室成员访华第一人。回国后，她立即将在中国的所见所闻用泰中两国文字撰写成书，取名为"踏访龙的国土"，为泰国人民了解中国打开了一扇窗。她多次访问中国，并著书立说，向泰国人民介绍中国，为增进中泰两国人民的相互了解和友谊做出了卓越的贡献，成为一位名副其实的中泰友好使者。诗琳通公主出版了《踏访龙的国土》《平沙万里行》《雾里霜挂》《云南白云下》《清清长江水》《归还中华领土》等书，在泰国引起一次次巨大的反响，使许许多多的读者对中国产生了浓厚的兴趣，对帮助泰国人民更好地了解中国、认识中国、研究中国起到了不可估量的作用。

诗琳通公主对中国古典文学尤其是唐诗、宋词特别爱好和精研。1994 年 1 月，中国的生活·读书·新知三联书店出版了《诗琳通公主诗文画集》。诗琳通公主将一百多首唐宋诗词翻译成泰文，出版有译诗选集《琢玉诗词》《诗琳琅》等。她对中国当代文学的研究也有很高的

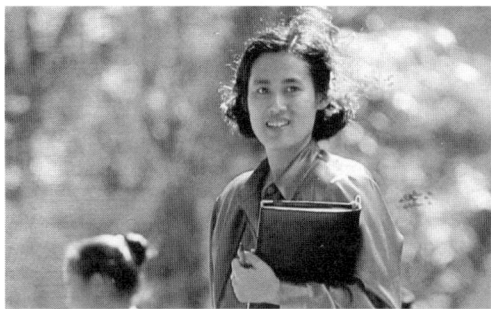

3

造诣，曾翻译出版了王蒙的小说集《蝴蝶》和方方的小说《行云流水》，帮助泰国读者了解中国的现代政治和社会生活。

从 1980 年至 2013 年，她先后师从中国大使馆选派的 9 位资深中文教师，研习中文和中国文化，学习使用汉语拼音、普通话和中文简体字，在泰国掀起"中国文化热"。由于诗琳通公主对中国文化有透彻而深刻的理解，1998 年 5 月，泰国法政大学向诗琳通公主颁发了人文学中文荣誉博士学位。

鉴于诗琳通公主常年孜孜不倦地向泰国人民真实地介绍中国的历史和文化，为中泰文化交流和两国人民的友谊做出的巨大贡献，2000 年，中华人民共和国教育部授予她"中国语言文化友谊奖"，2001 年，中国作家协会中华文学基金会授予她"理解与友谊国际文学奖"。

善结良缘，泰中友好的推动者

——访前泰国副总理功·塔帕朗诗

在华人界，祖籍广东澄海，生于泰国的功·塔帕朗诗是一位德高望重、受人尊敬的泰中友好关系的见证人和推动者。中泰建交至今，他已经去过中国 100 多次，为两国与民间的友好关系、经贸往来、文化交流的事业奔波不已。

泰国政坛风起云涌，人物替换，政权更迭，层出不穷，此起彼伏，显示出它独特色彩和历史痕迹。其中，功·塔帕朗诗是一位政坛上的传奇人物，他有上上下下的经历，也是风风雨雨的见证人。

功·塔帕朗诗有显赫的家庭背景但却鲜为人知。功·塔帕朗诗是泰国那拉通·希阑腊公爵的孙子，他的父亲亚伦·塔帕朗诗是原泰国总理府常务部长兼税务总局局长，他是泰国第十七任总理察猜·春哈旺上将的外甥，是原泰国副总理屏·春哈旺元帅的外孙，是原泰国副总理巴曼·阿迪雷山警上将的外甥，还是创建泰国警察部队的第一任总指挥官炮·史亚依警上将的侄子。

由于出身政治世家，功·塔帕朗诗从小就对政治敏感和有兴趣，耳濡目染，从二十多岁进入政坛，担任过泰国科技部、旅游部、工业部、卫生部等6个部的部长职务，曾3次出任副总理，并且是泰中友好协会会长。

在泰中建交41周年之际，我们约访了从2002年起一直担任泰中友好协会会长的功·塔帕朗诗阁下。

曾三次出任泰国副总理的功·塔帕朗诗，亲眼见证了泰中建交，并先后访问中国100多次，是泰中友好关系的见证人和推动者。他是当年泰中建交签署联合声明、泰国政府代表团里面最年轻的外交官，是泰中建交的推动者和见证人。他经常讲起1975年7月1日和克立亲王、察猜外交部长一起到北京签署建交联合声明的情形，和会见周恩来总理、邓小平副总理的情景，他说，周恩来总理签署他人生的最后一个建交协议，就是和泰国的建交协议。

功·塔帕朗诗并不缺少中国朋友。如果说他从政的机遇与土壤来自政治世家的传承，那么他与中国的情缘则来自时代的选择。来到中国，成了他传奇般政治生涯的起点。随着他一次又一次到访中国，随着中国的日益强大，随着中泰关系的日益紧密，功·塔帕朗诗已经从1975年中泰建交时的新朋友，成了中国的老朋友。

担任泰中友协会长是他舅舅察猜前总理对他的遗愿和嘱托。他们两代人为泰中关系的正常化和新发展做出很大贡献，功·塔帕朗诗多次和记者聊过泰中建交时的情形。他本身也是有中国血统的泰国人，功·塔帕朗诗说，他的外婆是中国海南人，他记得舅舅作为儿子曾陪母亲（功·塔帕朗诗外婆）回海南寻根祭祖。

功·塔帕朗诗初入政坛时，做的第一件大事就是参与到中泰建交当中。谈及当时的经历和心情，功·塔帕朗诗有很多回忆。

"泰国开始与北京进行对话时，必须通过中国在联合国纽约的大使来完成，我非常清楚地记得，周恩来总理回复说：我们非常欢迎泰方代表团前往北京。"

1974年，功·塔帕朗诗初入政坛，担任外交部长察猜·春哈旺的秘书。1975年，中国与泰国正式建交，年仅30岁的功·塔帕朗诗随泰国外交部来到中国，迈出了他被称作"传奇"的政治生涯的第一步。

20世纪70年代是新中国外交史上难以被忘记的10年。1972年，美国总统尼克松访华，开启了中美关系正常化。随后，包括当时联邦德国在内的诸多国家也相继与中国建交。

中泰建交，被称作当时中国总理周恩来外交破冰之旅的又一次杰作，也成了功·塔帕朗诗政治生涯里最初的记忆。

1975年，功·塔帕朗诗来到北京，那时北京的英文名字还不叫Beijing，而叫Peking，在功·塔帕朗诗的记忆里，"只有一家酒店，叫北京饭店，只有一家百货商店，叫友谊商场"。

几十年的飞速发展，功·塔帕朗诗见证了中国的巨变，他说："我不会努力去寻找哪些东西让我印象深刻。相反我会扪心自问，中国政府是如何做到的。"

中泰建交41年以来，功·塔帕朗诗不断来到中国，试图寻找这个问题的答案。

"我找到了答案：稳定的政府和自由的经济。我也了解到如果我能在泰国运用某些类似的方式，来发展自身经济，那将带来累累硕果。"

文化的传承，正能量的努力

——访和平大使披尼·乍禄颂巴

坐在我旁边的高大男士正是我今天正式拜访的泰国名人——披尼·乍禄颂巴。披尼·乍禄颂巴先后担任泰国交通部副部长、组织部副部长、卫生部部长、泰国立法委员会委员等。披尼总理自20世纪90年代末开始在泰国东北廊开府（现在奔甘府境内）带领当地百姓种植橡胶，增加了当地人民的收入，推动了当地经济的发展，他是目前泰国橡胶行业尤其是泰国东北部橡胶产业的领军人物。

他说初次见面就没有了陌生感，我们一定能成为朋友的。

这句话把我乐坏了，采访内容一下子直奔主题，谈话从而变得轻松，而留给我深刻印象的就是他没有架子，平易近人，豪爽大方又幽默有趣。

披尼·乍禄颂巴为泰国第四代华裔，中文名字陈迨公，

1951 年 10 月 13 日出生于泰国北柳府。祖籍中国广东潮汕地区的潮安，他告诉我总有一天他要寻找到自己的祖籍地，给老祖宗好好上坟。

历史的见证人

"当时的中国贫穷得很，自行车特别的多，到处都是穿中山装的人，颜色只有两种：灰色和黑色。当时中国人很善良，不用锁门都没有小偷。"当年的中国贫苦，确实没有值钱的东西可以被偷。这是披尼·乍禄颂巴告诉我的，41 年前只有 24 岁的他，以青年运动家领袖的身份被邀请到了北京，由毛泽东主席的翻译专家李茂接待。

回忆 41 年前的历史，仿佛昨天。他说没想到 41 年后的中国变化会那么大。天翻地覆，时下的中国已经是强国，中国领导人为百姓摆脱贫穷生活，解决衣食住行的问题，这是中国共产党最伟大的成绩；打退日本鬼子，让中国人过上好生活，毛泽东当年的话现在一一实现了。

"不能不惊叹，41 年前的中国餐桌上只有三道菜，41 年后的中国餐桌上 36 道菜让人眼花缭乱，令人难做选择。这是中国伟大领袖的功劳，从毛泽东、邓小平到现任的主席习近平，我们要感到震撼啊，美国用了 200 年的时间来发展国家，而中国领导人只用了 60 年的时间发展中国。中国人的智慧和努力，值得我们华裔自豪。引进西方的科技，把科技、农业和工业做得如此显赫，非中国人莫属。兴修水利，中国的工业已经走进了新时代，发射嫦娥火箭、建高铁、举办奥运会。想想看，中国历史、西方历史要怎么撰写这伟大的创举呢？"

引用披尼·乍禄颂巴的话就是中华文化历史悠久，从郑和下西洋开始，就已经把友谊和优良的文化带到了海外，不像西方国家，所到之处只有掠夺、侵占和战争。这就是中西文化和教育的不同之处。

披尼·乍禄颂巴表示，进入新世纪以来，泰中两国关系稳步发展，"中泰一家亲"成为两国人民的广泛共识，希望通过帕塔亚与青岛两市在旅游、文化、教育等各领域的深入交流合作，进一步密切泰中两国的友好关系。

泰中和平大使

自泰国素可泰王朝前期，泰国与中国就有着密切往来，历史上从未有纠纷问题。泰中关系非凡，中国前总理朱镕基曾经说过泰中关系有三个特征，即血缘亲近、良友、伙伴。

1975 年，泰国与中华人民共和国正式建交。当时，泰中文化经济协会创始人察哇立·荣知育上校（当时军衔）与帕·阿卡尼布上校（当时军衔）出访中华人民共和国，并会见前中共中央军委主席邓小平，就有关地区的未来和平合作交换意见，打开两国和区域合作的新篇章。

从此，两国军队在友好合作的基础上共同维护地区和平合作，并取得圆满成功，成果显著。当时，中华人民共和国解放军参谋部建议泰国设立民间机构作为两国及两国军队之间合作的有效桥梁。此时，中方已设立国际友好联络会，并由前中共中央军委书记、联络部部长、副总理黄华担任会长。

1993 年，根据中方建议，由前泰国总理、国防部部长、最高总司令、陆军司令察哇立·荣知育上将与泰国军官、政治家以及著名企业家携手创办泰中文化经济协会。同年，注册法人，由前陆军司令察哇立·荣知育上将担任首位会长。早期泰中文化经济协会的工作仅限于军事与国家安全领域，在地区稳定和平后，协会的工作扩展到文化与经济领域。

随后，2005年，泰国副总理（经济）颂奇·乍都诗披读（曾汉光）接任第二届会长。2008年，前泰国陆军副司令威辑·雅蒂上将接任第三届会长。2010年，前泰国副总理及六届政府多个部的部长披尼·扎禄颂巴接任第四届会长至今。

说到泰中文化经济协会发挥的作用及取得的主要成绩，披尼·乍禄颂巴会长显得特别有成就感。据了解，泰中文化经济协会这几年为推动泰中两国的友好做出了不少贡献：

推动和巩固泰国皇家军队与中国解放军的友好关系，包括军事、国家安全及促进与加强两国军事合作。

推动泰国政府（副总理察哇立·荣知育上将）向中国政府（前国家主席江泽民、前国家总理朱镕基、前国防部长曹刚川上将）就赠送泰国一对熊猫（创创与林惠）达成协议。

推动泰国政府与中国政府设立国家贸易、投资、旅游合作委员会，并已获得两国政府的批准。对此，泰方设立泰中经济促进委员会，由泰国副总理（经济）负责管理，中方建立中泰经济促进委员会，由中国副总理（经济）负责管理。

推动泰国政府（市）与中国省（市）建立姐妹省（市）关系，如：普吉府与烟台市、素可泰府与陕西省、巴真武里府与长春市等。

推动泰国政府在华建立总领事馆共四处，即泰国驻西安总领事馆、泰国驻成都总领事馆、泰国驻南宁总领事馆及泰国驻厦门总领事馆。

连续七年与中国福建省华侨大学建立教育合作，由华侨大学承担泰国各政府部门，即军、警、官员与独立机构一年的汉语培训，并提供全额奖学金。

推动泰国证券交易所与上海证券交易所合作，并于2010年4月7日达成合作协议，推动泰国银行与中国央行的金融与资本合作，打开了泰中资本市场合作的大门，促进了未来东盟与中国区域合作。

协会受泰国政府的委托，与中国政府就紧急接受2011年泰国发生洪水的援助联系，中国政府及各部门向泰国政府提供资金总金额108万美元、9760万人民币及2733万泰铢的救助援助。

泰中文化经济协会作为中国与泰国政府间的桥梁，长期致力于增进两国间的相互了解、消除彼此间误会的工作。例如2011年中国货船在湄公河水域遭到劫持13名中国船员遇害事件，中国民众认为是泰方所为，正是由于相互间存在极其严重的误会所致。

泰中文化经济协会在湄公河事件发生后，建议建立由中国、老挝、缅甸、泰国共同组成的湄公河流域联合执法力量，此后这一建议被采纳并执行。泰中经济文化协会认为，湄公河事件的凶手并不是泰国军队而是另有他人，随后老挝方面抓获犯罪嫌疑人就证实了这一观点。

"能为两国人民做一些事情是应该的，别忘了泰国60%多都是华人，为什么这么说呢？你看看每年的清明节到来，说要给祖宗上坟，都要回家乡去，而清明节是中华文化，只有华人才特别注重这个节日，老祖宗不能忘啊。"披尼·乍禄颂巴的言辞里面不忘自己也是华裔。

东盟的发展需要中国

"东盟与中国需要互相依靠，那叫和平。从航空、高铁、海运，东盟与中国可以连成一片。其实东盟国家应该和中国达成一种意识，因为东盟加上中国将近20亿人口，完全不需要依靠西方。东盟和中国达成一致其实不是困难的事儿，因为东盟国家和中国无论是从文化、经济、政治还是旅游都是相同的。想到没有，东盟国家外出旅游选择的第一站必定是中国，因为中国辽阔，自然风景优美而且特别多，东盟国家的人到中国去会感觉是回到了娘家，而中国呢，中国那么大，他们要选择旅游的话首先会考虑邻国，特别是泰国，广东人来泰国，走在唐人街，他们说好像行走在潮汕地区。"

满满的中国情，披尼·乍禄颂巴的真情肺腑之言同时也感动了我。他会说潮州话，却不会讲、不会听普通话。

"虽然不明白中国人说的话，但从满面的笑容里面有了一份亲切感。我想这是父亲留下的遗言，他嘴边最爱挂着那么一句话：你是中国人的后代。"披尼·乍禄颂巴语重情深。

未来计划

泰国很幸运，因为与中国有悠久的历史来往，泰中两国建交41周年，更有特殊意义，其实全世界都知道这两个国家的特殊关系，两国领导人都曾经同声说：中泰一家亲。

"泰中文化经济协会还有很多计划，我们打算跟中国的更多城市建立友好关系，无论是民间的还是政府的，我们愿意担当这个桥梁来促进中泰文化，扩大影响。"

　　"尽一份绵力吧，我们这一生也就这么一回，为国家做点贡献也是应该的。"这是泰国的国家领导人珍视的一句话。

华人的生活圈影响了上将的一生

——访切塔·塔纳乍罗上将

没想到坐在我前面的这位将军还能讲潮州话，确实把我吓了一跳。但也因为熟悉的乡音拉近了我们之间的对话。

切塔·塔纳乍罗，中文名沈世达，爷爷那一辈来自中国广东潮汕，切塔上将从

笔者与切塔·塔纳乍罗（左）合影

小在泰国的中部北柳府出生，记忆中自己就是华人后代，这句话影响了他的一生。后来泰国第五世皇开始赏赐姓名，华人的名字以泰国姓氏居多，方便买卖、上学以及兵役等。而切塔也不例外。小时候的切塔上将可完全使用中文名字，在小学三年级时改了泰文名字，因为聪明睿智，17岁的他就入了军，开始了他兵戎铁马的生涯。

华人在泰国的地位算是蛮不错，由于北柳府远离曼谷，政治

的影响不太大，北柳府地势特殊，属沿海地区，当年华人渡南洋时很多人都在这儿停下来开始泰国的生活，因为来到北柳府的华人特别多，他们多以种植菜园为主。或许是沿海沿河地区，当地华人种植菜园并批发销售，据说每条大街小巷都能听到潮州话。

年轻人血气方刚，切塔视当兵为荣，加上他的努力，一直平步青云，他是泰国原陆军总司令兼国防部部长，现已退役。切塔将军在泰国军界、政界都是德高望重的领袖人物，而且为人谦和，行伍出身却身含儒雅之气，使他获得泰国社会的广泛人脉关系。

后来中泰两国的公事来往多了，他强烈地意识到中文的重要性。"到现在我都还想学习中文，因为我的潮州话在北京不能用。"他说中文很难学，每到北京他都住进钓鱼台，他对北京，甚至整个中国的印象特别深刻。

"目前，我退休了，可是我每天都要关注中国，关注什么啊？太多了，中国的高铁，中国即将制造大型的民用客机。不得不赞叹，中国的高科技已进入了世界前锋。想想啊，40年前的中国关心的是百姓的基本温饱，40年后的中国关注的东西更多了，宇航、太空、高铁等，因为中国人聪明、勤奋、努力啊。"

切塔将军爱中国的情怀令人钦佩，他是真正亲中国的泰国人。"不能不亲啊，别忘了我的祖宗都是中国人。"他开怀地说。

切塔将军是泰中工商业联合总会的主席，总会创立于2005年5月15日。对于创办这个会的宗旨，他说：中泰两国的工商业就是需要一个桥梁，而我们驾起了两国工商业的桥梁，让两国的企业家进一步发展壮大泰中工商业的合作投资，促进两国的发展，为两国的人民做一些事。

2015年由泰中工商联合总会、泰国华人社会、政府和民营部门联合中国河南嵩山少林寺于8月2日在曼谷皇家海军俱乐部联合举办庆祝诗琳通公主殿下60华诞与庆祝泰中建交40周年活动，少林功夫表演团在泰国曼谷和清迈的演出圆满成功，泰国社会一片赞扬。

"泰中两国的关系特别友好密切，早在一千多年前两国人民在民间就有来往了。我个人对两国的建交做了不少的工作。我能做的就是大家所看到的，我特别清楚地记得习近平主席和诗琳通公主的握手，当时我很激动，或许因为我是泰国人而高兴，再或许因为我是中国人的后代感到荣幸。"

"东盟的发展离不开中国。不只是因为中国离东盟国家很近，重要的是东盟国家的华人之多，这就够了，13亿中国人，加上东盟国家6亿人口，想想看，是不是地球都要被站满了？我坚信东盟一体化，一定会在中国愿意帮忙的前提下实现的。"

这是一位泰国老朋友的心愿，我还知道切塔上将的中国心，据我所知，接下来，他将带领泰中工商联合总会的理事及部分泰国企业家访问中国山东，寻求两国的企业合作。

中华文化影响东盟，影响世界

——访泰国前教育部部长蓬贴·贴甘乍纳

我的父亲告诉我，中国对泰国的影响要从大城王朝甚至从素可泰王朝开始。有资料可以查找，不难看出泰中两国民间的商贸和文化来往早已有一千多年的历史。

蓬贴·贴甘乍纳

儒雅文静，戴着一副眼镜，一身的书生气，他就是蓬贴·贴甘乍纳。

他是泰国家喻户晓的政治家，也是泰国的富豪之一，社会的形容不一，不过，当我见到这位政治家时才恍悟他不是人们口中的那样。

笔者与蓬贴·贴甘乍纳（右）合影

蓬贴·贴甘乍纳，本姓王，据说他的祖上是在泰国第六世皇的时候从中国来的，他已经不会讲华语了，可是他依然记得自己是潮汕人的后代。

蓬贴·贴甘乍纳虽然不会华语，但是他的中国情怀却很深厚，"可能是因为我岳母是华人的关系，而且我的太太华语不错，她目前在大学里进修汉语呢"。

在泰国，还有很多很多人跟蓬贴·贴甘乍纳一样不懂华语，身为中国人的后代，有人感到遗憾，有人认为那是历史的原因。而蓬贴·贴甘乍纳是属于后一类的人。

蓬贴·贴甘乍纳于 1956 年 11 月 13 日出生在泰国龙仔厝府，他是政治家的后代，父亲是当时的商业部部长。蓬贴·贴甘乍纳大学毕业于泰国法政大学，美国华盛顿乔治大学硕士毕业。他曾为龙仔厝府人民代表。后来加入爱泰党，为他信上将的得力左右手，在他信政府时期曾担任副总理。

蓬贴·贴甘乍纳曾任泰国法官，因为这个特殊工作，他常常到中国出访。"当时的中国人不懂得法律，大家为生活的温饱努力着，但 40 年后的中国，经济发达，人们对律法的了解也越来越深越来越好。我印象深刻的是中国人的穿着打扮变化最大。当年我随着政府官员出访北京，自行车是中国人的标志，那个时代的中国人衣着太简单了，只有灰色和黑色，但现在中国的衣饰已经超过了亚洲，更有人说了一句：服装的潮流就要看中国人的穿着。还有就是商业和律法的巨大变化，新的科技、教育、文化、经济、法律等。"

谈话中才知道蓬贴·贴甘乍纳也是泰中两国友好发展的见证人之一。

中国对泰国的影响非常大，确切地说中国影响的不止是泰国，而是全世界。有人说，40 年前中国使全球的经济膨胀。比如：中国产品。因为全世界最大的市场就是中国，由于人口多，所以买卖能力强。中泰两国血脉相传，泰国华人不少于 60%，文化与生活习俗受到中国的影响，因为泰国与中国的饮食很相近。就比如饮食习惯，再有就是外交商贸，本来就亲如兄弟，又一起做商贸，亲上加亲呢。之前，中国在世界经济危机时期帮助了泰国，再比如中国共产党帮助泰国解决了泰国和柬埔寨边境的问题。

说到南宁东盟博览会，蓬贴·贴甘乍纳谈了中国对东盟的影响。

首先是稳定性，中国在经济、商贸方面对东盟国家的影响，同时也推动了东盟与中国自身的国家发展，其次是中国是东盟的邻国，跟几国国家的边境相连接，无疑推动了旅游商业迅速发展，火车、铁路交通在未来会有进一步的合作和发展。泰国人与中国人的性格、爱好比较相近，就以旅游业方面来说，目前中国游客是泰国最大的客户，当然除新加坡，而其他国家的文化与中国或与泰国都不同。

至于教育方面，目前世界各国都掀起华文热，在泰国一个学生要学习三种语言，那就是泰语、英语和汉语。在社会的需求和泰中两国的合作中需要汉语，因为文化商贸旅游方面需要汉语人才。目前，中国游客是泰国最大的客户，中文的需求量很大，同一个语言的交流就很方便了。所以怎么推动汉语学习汉语教育是当局政府要考虑的。

其次是中国学习泰语的人增多了，文化、经贸、商业、旅游以及外交上需要懂中文泰文的人才。

我印象最深的就是中国驻泰大使馆的大使、参赞，他们懂泰语，泰国文化对中国人的影响不小，经贸上的机会也就越来越多，我作为泰国人感到很高兴啊，中国人那么重视泰语，而我去了中国好多次都没学会汉语，感到惭愧啊。

为中泰友好搭桥铺路的热心人

——记泰国和平统一促进会副会长丁文志

　　既是泰国"中国和平统一促进会"副会长、泰国"中华总商会"常务会董，也是泰国"丁氏宗亲总会"理事长的丁文志先生，还是厦门海外联谊会名誉会长、泰国集美校友会会长，是著名的海外侨领和成功的企业家。他身兼多个令人敬重的职务，87岁了但身强体健，为泰中两国的和平奔走。在曼谷，他总是为扶危济困、排解纠纷、敦亲睦邻友好而风尘仆仆、无日无夜地工作。他是有名的大忙人，一位

丁文志

辛劳的社会活动家，更是一个坚执于为海外华人与祖国之间搭桥铺路的热心人。

　　丁文志先生祖籍广东丰顺。父亲丁培钦早年携妻赴泰谋生，

在曼谷定居。膝下育有五男四女，文志排行第二。早在他八岁时，心怀祖国的父亲便送他回家乡读书，直至小学毕业。其时正值第二次世界大战，日军大举侵华。他又遵照父亲的决定，随母亲和弟弟一道，长途跋涉，途经越南，逃难回到泰国。此时，父亲丁培钦在曼谷安记车床厂担任经理。为了培养儿子，让他学会自食其力，父亲便让丁文志学做小生意，上街卖纸、笔、布料，最后才安排他到工厂当学徒。他白天做工，晚上读夜校，在学技术的同时，提高文化知识修养。

1953 年前后，泰国和南洋各地，在千千万万的华侨青年中，涌动着一股势不可挡的回国求知、报效祖国的潮流。年已 21 岁的丁文志也压抑不住自己的热情，抱着对知识的追求和对祖国的向往，迫不及待地又回到中国。他来到集美，在侨校补习了一年。1954 年他考入集美中学 80 组。在班主任陈欣雪老师的教诲下完成了初中三年的学业。在这三年中，善良朴实的丁文志一直是学校的好学生。他初二年级担任学校报纸杂志的发行员，热心诚恳地为同学服务，报刊的发行量连年扩大。不久他便荣升为全校的总发行员。初中毕业时，他学习成绩优异，被学校保送上了高中。

在集美中学高中 42 组求学的丁文志，兼任班级的学习委员。他勤奋学习，还满怀激情地参加各项运动。在海潮发电站的工地上，在全民大炼钢的高炉边，在大办农业的劳动中，他都全力以赴，争先带头。为了给学校师生谋福利，他积极向校领导建议成立消费合作社，并被学校任命为负责人。他多方联系，采购价廉物美的生活日用品，供应师生。当时物资贫乏，他此举为众人造福，获得大家的好评和学校的嘉奖。回顾往事，丁文志感慨地说，这些"运动"和社会工作，锻炼了自己，为他日后事业成功打下坚实的基础。而更使他难以忘怀的是，他在中学求学期间，经常见到嘉庚先生。他看到嘉庚先生的处世为人，深受嘉庚先生爱国爱乡、倾资办学、无私无畏的精神所濡染。在多年的熏陶中，他潜移默化地养成了"诚毅"的品格和慈善的心怀，这是以后激励他回报社会的力量源泉。

高中二年级下学期，国内搞大跃进，招收大批工人进厂务工。学校为配合当时的形势，动员学生投身社会主义建设。丁文志考虑到自己年纪偏大，本来就是要回国参加建设的，便毅然放弃学业，到厦门电机厂当车床工人。他在那里干了四年，即从1958年一直干到1962年。他善于在工作中学习，经常利用业余时间到厦门大学进修机械知识，充实提高自己。他的技术水平比一般人高超，不久便当上了带领30多名工人的工段长。1960年，近而立之年时，他与从小在泰国相识、后来回国在集美中学读书的校友林培雁喜结连理。其时林培雁已从厦门卫校毕业，在幼儿园担任教师。1962年，他俩听从父母的召唤，到香港，在香港工作一年后，于1963年回到泰国。

初返泰国，丁文志经朋友介绍，重拾旧业，进入北榄徐进华集团的直属公司——泰美钢管有限公司，当一名普通工人。这是泰国第一家与美国合资的钢管厂。由于丁文志在国内当机工多年，有相当的技术基础，被派随工程师进行设备安装，得以熟悉全厂的生产流程。这使他捷足先登，先人一步掌握生产技术要领，迅速成为车间的生产骨干。以后，凭借自己的真才实学和勤勉努力，他很快从工人升为领班、车间主任。他凭借自己对机械和制图的深刻理解，大胆地对公司从德国进口的机器进行改进，扩大其应用范围。他用自己在厦门工厂多年积累的经验，开展技术革新。例如：他用空气代替蒸汽镀锌，既防止管道堵塞，又回收不少锌粉，一年即为工厂节支增收了百万泰铢的巨款。他工作勤奋，刻苦钻研技术，深受老板赏识，很快在工友中脱颖而出，仅短短五年便升为厂长，管理全厂的生产与销售业务。他于是更忠于职守，更加兢兢业业地工作，工厂效益倍增，获利丰厚。后来，公司中人事纠纷无法协调，老板也无力解决，生产业务难于开展，于是他决然辞职，另谋生计。

离开工作多年的钢管厂后，他与太太培雁在曼谷租了个店面，开起夫妻店，专营滚珠轴承。林培雁看店面，主理内务，丁文志则负责采购和大宗销售。滚珠轴承是机械的重要部件，丁文志十分熟悉，经营起来得心应手。他对机械行业的人事和业务也了如指掌，销售有路，生意蒸蒸日上。他们积累了资金，便开办起钢管接头厂，购进先进机床，由丁文志带领工人，边干边教，热火朝天地干了起来。他技术高超，产品质量优异。加上天时地利，他的产品受到客户的欢迎，供不应求，他生产的规模不断扩大。他的三人作坊发展成具有相当规模的大厂，有工人三百多名。他工厂的管理科学规范，在泰国享有盛名。丁文志本人是机械工人出身，深知工人的想法和希望，懂得尊重工人的劳动和贡献，他在公司采取了许多优待职工的措施。他工厂的工人工资水平超过泰国劳工条例规定的标准；他设立奖学金，鼓励职工培养子女，鼓励职工子女读书上进；他给生产骨干发年终花红。这些措施调动了职工的工作积极性，提高了工厂的经济效益，促进了产品产量和质量的提高，订单源源不绝，产品远销中国、日本、中东地区乃至英国和美国，出口创汇跃居泰国企业的前列。

1997年，成功后的丁文志卸下公司的责任，交由儿女管理，自己抽出身来，投入到社会活动中去。他履历清白，办事公允，深受社会各界的敬重，被推举为泰国中央劳工法院陪审法官、泰国劳工部社会保障董事会董事、泰国雇主机构副主席等社会职务。

他多年自强不息，自修了多方面的知识，尤其是在企业管理方面取得卓越的成就，受到国内外的推崇和赞誉，因此美国大学颁授他工商管理荣誉博士学位。他热心公益，为医院捐款，为贫童助学，为校友解囊，慷慨奉献，从不落人后，深受各界赞赏，荣获泰皇恩赐三等白象勋章。他积极参与国际捐献活动，被英国扶轮社授予"造福社会"奖盾。他还担任着厦门总商会名誉会长和集美大学校董，对国内的公益事业多有襄助。

2008年，丁文志作为泰国曼谷传递奥运会火种的火炬手，为祖国北京举办的奥运会加油。他还慷慨地把自己获得的祥云火炬，千里迢迢地带回祖国，献给集美陈嘉庚纪念馆永久收藏。

火炬手，是我一生最大荣耀

2008年4月18日，北京奥运圣火传递到泰国曼谷。刚带团到河南郑州参加祭拜轩辕皇帝活动的丁文志博士，又马不停蹄赶回曼谷参加神圣的火炬传递工作。当日晚泰国诗琳通公主特地宴请火炬手和护送奥运圣火的全体工作者，并以流利的汉语与中国奥运会副主委蒋效愚对话，这让为中泰友好长期努力不懈的丁文志博士非常高兴和激动。

泰国的火炬传递时间为4月19日13时，已79岁高龄的丁文志博士一大早就来到唐人街，参与到为奥运火炬加油的队伍中。到火炬开始正式传递时，唐人街上已人山人海。作为80名火炬手之一，丁文志博士是第22棒，接棒地点在大皇宫前。15时50分，丁博士手持点燃的火炬开始奔跑，听到道路两旁各种族的人一起高喊——"奥运加油、北京加油"，想到中国强大让华侨华人备感骄傲和自豪。跑完了 130 多米，丁博士意犹未尽，觉得还不过瘾。当日 18 时，火炬传递活动结束后，在五世皇铜像前举行了盛大的联欢会。

25 日，泰国曼谷市市长在市政会议所宴请奥运火炬手，并向火炬手颁发奥运火炬传递证书和跑步的照片；29 日，中国驻泰国全权大使张九桓又宴请全体火炬手和社团首长，感谢全体华侨华人的热情支持。

泰国作为国际间奥运圣火第 12 站的传递，也是自 1936 年奥运圣火传递活动开展以来，奥运圣火首次在泰国传递。泰国举国欢庆，泰国王室和政府十分关注此次盛事。圣火传递采取了严密的保安措施，如果发生混乱问题，将依照泰国法律进行处理。

丁文志博士表示，全世界仅有 20 个国家有圣火经过，泰国能成为这 20 个国家之一，这是提升泰国国际知名度的好时机，是泰国的荣耀，也是泰国华侨华人的荣耀。2008 年，丁文志博士带着他最心爱的火炬，从泰国到厦门，再到家乡广东丰顺、潮汕，再回厦门。热心的他，想让家乡父老、集美校友及新老朋友们，都有和神圣奥运火炬亲密接触、合影留念的机会，分享他当奥运火炬手的荣耀，分享参与奥运盛事的激动。

一向心系祖籍国的丁文志博士，在与太太林培雁女士商量后，决定把他这一生最大的荣耀——奥林匹克神圣火炬留在集美的陈嘉庚纪念馆，献给最崇敬的陈嘉庚。

同是炎黄子孙，有着共同的梦想。丁文志先生积极参与奥运、热爱中华民族、热爱世界和平的爱国情怀、圣火情怀，将凝聚更多的侨心和侨力。

经贸交往

中国情·中国行

——记泰华农民银行伍氏家族

> 尽管孔子不教我金融模型，但是，我认为中国孔子思想和美国哈佛教育对我同样重要，两者之间没有冲突。
>
> 一位泰国银行家

泰华农民银行 Kasikornbank 是泰王国的第三大银行。因为在泰国各地的分行皆以英文大字："K-Excellence"标示，所以泰国人常戏称它为"老 K 银行"（"K-Bank"）。

泰华农民银行是由伍柏林先生为首的一批泰华商人于 1945 年 6 月 8 日创建的。开业初期银行只有 8 名员工，注册资本仅 500 万泰铢。经过六十多年的快速成长，泰华农民银行已发展成为经营业绩优良、管理水平一流的大型商业银行，多次获得国际知名机构的表彰和嘉奖，跻身亚洲一流银行之列。

广东梅县的伍森源，是泰国客属总会创办人伍佐南的父亲，曾任泰国国会上议院议员伍竹林的祖父。他是从经营木材起家的，由泰北的甘烹碧府发展到曼谷。20 世纪初的全盛时期，他拥有广源隆地产行、广高隆出口行、广金隆火锯厂及广安隆保险公司。伍森源本人为历史最悠久的天华医院及初期的客属会创办人。到了他儿子伍佐南手中，曾一度失败。20世纪40年代，他的孙子伍竹林由创办泰华农民银行而复兴。现在，泰华农民银行已有分行100余家，遍布全泰国大小城市。现任泰华农民银行董事总经理的伍班超，是伍森源的曾孙。伍班超亦已有50多岁了，他的儿子多已成人，继承祖业。伍氏一家是客家人在泰国历五代而不衰的家族。

2009年6月30日的统计，泰华农民银行的注册资本为305亿泰铢（约合人民币63亿元），总资产11871亿泰铢（约合人民币2457亿元），存款总额9090亿泰铢（约合人民币1881亿元），贷款总额8816亿泰铢（约合人民币1825亿元）；在全泰国拥有721家分行。同时，泰华农民银行在海外设有7家分行或代表处，包括洛杉矶分行、香港分行、开曼群岛分行、深圳分行、北京代表处、上海代表处和昆明代表处。2005年泰华农民银行还与中国银联实现联网，在泰华农民银行所有自动柜员机（ATM）和2000多家特约商户受理中国银联卡业务，极大地方便了银联卡持卡人在泰国进行旅游购物和商务活动。

2005年泰华农民银行集团正式组建成立。集团下属公司包括泰华农民银行（大众）有限公司、泰华农民保理有限公司、泰华农民研究中心有限公司、泰华农民基金管理有限公司、泰华农民证券（大众）有限公司和泰华农民租赁有限公司，同时启用"卓越泰华"标志，以统一的品牌，推出质量优异、种类繁多、技术先进、服务贴心、满足各类客户需求的一体化金融服务。

进入金融业全球化新纪元的泰华农民银行集团，将技术与人力资源和谐地融合为一体，致力发展成为实力雄厚、产品多样、世界一流的金融机构，为泰国和各国客户提供全方位的卓越服务。

伍万通担任总裁和CEO的泰华农民银行，是资产在泰国排前三位的商业银行。这家成功走出亚洲金融危机的泰国民营银行，目前是唯一一家拥有英文、泰文、中文3种文字网站和年报的泰国银行。

伍万通身材瘦小，面色黝黑，讲着一口地道的英文，说起话来声音醇厚、语调抑扬顿挫，在他宽大的办公室说这话时，非常自信。他的窗外，是曼谷的母亲河昭帕亚的风光。伍万通说："我对中国感觉很好，请相信我的感觉。" 伍万通是一位传奇人物，14岁就被送往美国上学，24岁获得哈佛大学工商管理硕士，还认为东西方文化是两种不同的文化，不应将其对立，"在需要金融检测、模拟时，就得用哈佛的，你不能求助于孔子。"穿着红色泰丝衬衫出现在银行门前的滨河广场时，伍万通显得沉默甚至拘谨。不过在银行大楼32层的总裁办公室里，他的自信和幽默却让人印象深刻。他39岁接任银行总裁职位，随后带领这家民营银行经历了亚洲金融危机的洗礼，在风险投资和机构治理方面得到了深刻的经验。而今，泰华在世界发展中国家650家公司中排在银行业的第二位。伍万通本人则被美国《商业周刊》评选为"亚洲之星"。

伍万通在泰华农民银行主办的"文化，中泰经济繁荣的原动力"国际研讨会上曾说："中国在世界上越来越重要。目前，各国已经认识到，中国拥有强大的经济实力、高购买力、巨大的生产潜力和消费能力，这使得中国经济在稳定世界经济中所起的作用愈来愈大。因此，亚洲各国的经济实体有必要全面地了解中国，包括历史、治国理念、政治体制、经济、生活方式和文化各方面情况。"

泰国不仅是中国的近邻，而且有着相通的文化渊源，而伍万通正是泰国商界了解并研究中国的"先知先觉"者。目前"泰华农民银行的中国经验在泰国数第一"，伍为此很骄傲。泰华农民银行早已建立的泰华农民研究中心，其中的国际部网罗了多位"中国通"，并不断送员工到中国学习中文和金融；银行网站有中文版也是为了让"到泰国投资的中国企业感到舒服，加强服务"。该行在北京、上海、昆明设立了代表处。在1997年亚洲金融危机的严峻时刻，泰华不得不撤掉了纽约、汉堡、新加坡、越南、缅甸等地的分行及代表处，但中国的却没有撤。"老板看重中国，认为这是泰华未来发展最重要的"，伍的下属、第一副总裁兼香港分行行长吴培钦这样说。而伍的说法是，"患难见真情"。他认为一些外资公司之所以能在中国获得成功，就是因为它们在中国发生政治危机时，仍对中国充满信心，支持中国政府，因而获得中国政府的信任，使其在中国的业务不断发展。

英国《金融时报》记者对泰国商界近期动态的观察是：显示了对中国新的感情、新的亲近。但伍却"不觉得"，认为在泰国"这感情和亲近一直都有"。伍万通是这家银行的第五代领导者，他的祖先与许多泰国商界领袖一样都是华裔，总裁办公室墙上挂着银行创始者们的画像。尽管如此，伍万通仍感觉对中国还是了解不够，正因为泰中之间相通之处太多，做事太舒服，以为完全一样，结果却会失败。其中部分原因在于，漂洋过海到泰国以至东南亚各国的中国华侨，绝大部分来自中国的南部省份，这使得这些国家的人民在本土所获得的对中国的认识仅仅是一部分而已，对中国北方或北京的情况许多人都缺乏认知。"如果只是把钱放到那里，却不了解中国，就不会成功。"伍万通因此主张泰国各界深入研究和学习中国文化，特别是首先熟悉中国的语言、法律和路径。泰华农民银行每年都设立奖学金，送四到五位员工出国留学，以前是去美国，现在是到中国。而总裁自己则在上海华东师范大学请了老师，专门学习中文。"事情太多，没有更多时间去学"，现年 51 岁的伍万通觉得很遗憾，但他仍表示"一定努力学中文，不放弃"。

走进中国市场，需要了解中国文化

——访康蒂集团董事长郑芷荪

泰国康蒂集团（COUNTRY GROUP）董事长郑芷荪，以房地产大亨驰名泰国商业地产界二三十年，是泰国媒体追逐报道的焦点人物，也是泰国家喻户晓的富商人物。进入 21 世纪，郑芷荪水不惊浪不起，突来一个华丽转身，闯入泰国证券业热圈，用三四年的时间，把一家排名 23 位的证券公司，经营成今天泰国的第二大证券公司，同时，泰国目前排名前五的证券公司，已有三家掌控在郑芷荪手下，他一跃成为泰国的证券大亨，现金的掌控量达 60 多亿泰铢。2012 年 8 月，他以接纲担任泰国工商总会主席一职，而闪身进入泰华社会，一跃为泰华侨团备受瞩目的人物。

泰文名字沙达吾 SADAWUT 的郑芷荪，跨地产与金融两大行业，开发康罗米廉组屋、公寓、办公大楼、酒店等一做就做了二十多年，其资产曾经达到 400 亿泰铢之巨，被财富杂志评选为世界 500 强之一。31 岁时郑芷荪就被评选为澳大利亚前 100 名大企业家之一，是曼谷和澳大利亚悉尼之间房地产界的名人。

少年历尽艰难不向命运低头

郑芷苏是家里的长子，共有兄弟7人，从小家境贫寒，生活十分艰难。郑芷苏的母亲张惠清（娘卡玲），现在已经85岁了，她是一个很能吃苦耐劳、很有毅力的女人，郑芷苏从小就跟母亲做生意，郑芷苏从母亲身上获得了非常宝贵的精神财富：勤劳、智慧和百折不挠的精神，这些都成为郑芷苏日后奋斗与追求的强大动力与良好的思维与工作的习惯，在郑芷苏小小的心灵里种下了要发财致富、改变命运现状的强烈愿望，郑芷苏立下了要为妈妈分担忧愁、为弟妹担起生活重担的决心。

艰难的童年，坚强的母亲以及和父亲在一起做生意的历练为郑芷苏未来的发展打下了坚实的基础。儿时的记忆力是惊人的，而一个人最初的奋斗与磨炼在郑芷苏的记忆里是永不会磨灭的。郑芷苏轻松地告诉我们，他已经做了30多年的生意了。

从20岁开始做起，刚开始一两年跟着父亲学做生意，接下来的两年独自经营父亲在五马路的酒店夜总会的生意，28岁就开始做大老板了，后来郑芷苏有机会到澳大利亚去工作，又为郑芷苏在澳大利亚创业打下了基础。

郑芷苏把眼光放得更远大，视野更开阔。在澳大利亚打工的那一段时间也是相当辛苦的，白天做苦工，晚上还要继续做工，没有休息的时间。从打工到做老板，郑芷苏走过了一段艰辛的路程，可以说郑芷苏的成功是他不屈不挠的性格造就的。郑芷苏从小就有了太多的爱和恨，他小小的年纪所承受的生活压力实在是太大了，但是这并没有把郑芷苏打垮，而是使郑芷苏很早就成熟了，郑芷荪的精明能干和他的压力与责任造就了郑芷荪非凡的人生经历。郑芷荪的发展在于他能把握机遇。

后来郑芷荪有机会到英国短暂学习，两三年的时间内郑芷荪往返于澳大利亚和曼谷之间，在澳大利亚做苦工的经历反而促成了郑芷荪要在澳大利亚做大老板的愿望，郑芷荪后来又带着资金去澳大利亚投资，做地产开发，从这一点上也可以看出郑芷荪的胆识与魄力是非同一般的了。

属于郑芷荪的非常时期

1997 年金融风暴，真是一场浩劫，突如其来的金融的变化令郑芷荪有一些招架不住，郑芷荪的亿万资产被这场金融风暴几乎全部卷走了，债务增加，产业贬值，一时间黑云压城，万马齐喑。如果不是有几分硬气的骨头，恐怕是难以度过那样一个艰难时节的。那场金融风暴，每一个生意人都被伤到，郑芷荪的康蒂集团当时很困难，差点儿破产，好多栋大楼烂尾在那里，每次开车经过那些烂尾楼，他都会心疼到掉泪。后来能够转危为安挺过来，确实不容易，生意上没有捷径可走，全靠自己苦干，用了七八年的时间把公司调整回来，那些公寓和办公大厦的烂尾楼已经全部动工续建，大部分出售、出租。

谈到转行进入证券行业，这里面的成功需要多少风险的陪伴，这种经营不是隔行如隔山般的可怕吗？郑芷荪胸有成竹地笑了，他说生意是触类旁通的，什么生意都可以做，因为生意管理的理念是一样的，那么成功与否，关键还是在于人。

数年前，郑芷荪决定接手证券公司的时候，他对证券公司的管理认识几乎是零，但是他懂得用人之道。他把证券公司原有的中高层管理人才全部保留下来，他给大家一个信心——我和你们上了同一条大船，我和你们一样，每个人都要为这条大船的前行用力划桨，一荣俱荣，一损俱损。郑芷荪靠他的为人之道和良好信誉，很快树立起在员工心目中的形象。

这四五年，他全部的思考都在证券公司的经营上，这条大船的舵手责任不轻，他却用智慧之舵让大船乘风破浪，乘胜驶来。一跃成为泰国第二大证券公司，并且在泰国 34 家证券公司里，排列前五名的公司，已有三间掌控在他的康蒂集团辖下。

MFC 资产管理公司作为康蒂集团的一个主要股东，当前拥有 3000 多亿泰铢管理资金，为泰国第三大股市，并有泰国财政部和储蓄与控股基金管理公司为股东。

康蒂集团证券公司是泰国股市买卖的经纪公司和经纪人，是泰国第三大证券公司，泰国的第二大营业额公司，泰国最多分行的经纪公司，目前已超过 51 家分行与 6 万余客户账户，员工千人，每日的买卖价值 50 亿 ~ 60 亿泰铢，相当于股市总营业额的 7% ~ 10%。

而今的康蒂集团，是集房地产业、信托业、证券业、投资顾问公司等多个行业为一体的资产超过数十亿泰铢的大型集团公司。

以休闲示人的华裔富豪

郑芷荪不是一个人们习惯意识上的风风火火的企业家，他的性格沉稳内向，不温不火，像一位儒商。他是泰国媒体的焦点人物，但他通常不是以成功者的傲慢形象出现，而是以一个悠闲男人的淡然形象示人，他经常素装坐在一片绿荫之下，品着咖啡，和宠物玩乐，展现着生活的乐趣，身后是自己建筑的别墅家园，气派而舒适，典雅而时尚，他在向读者观众展现他崇尚的一种人生状态，他在诠释一种生活品位和人生态度。

当你和这位尚显年轻的华裔实业家聊天时，我们不难发现，他不是一个简单的男人，淡定从容中，他胸有韬略。他白手创造了今天的辉煌事业，不是老天白赐他的幸运，而是他数十年不懈奋斗的成功硕果。

走进中国市场，需要了解中国文化

充分认识到中国经济强盛带来商机的郑芷荪，早已在多年前就把投资触角伸向中国，他去枣庄投资了泰国工业园，最近又在中国一些地区进行房地产项目的考察。

康蒂集团主席郑芷荪先生对东盟杂志的采访记者说，康蒂商业集团一直在持续国内的投资，旨在扩大业务和国外投资。在过去几年我们已经在澳大利亚投资，并很快准备在中国投资，这是一项国家计划投资。

该项目位于中国山东省枣庄，旨在创建"泰国文化城 Thai Culture City"，如：泰国文化景点和购物中心、五星级住宿、仿泰国佛寺、泰国文化、金山寺、鳄鱼表演、恐龙园、购物中心，投资资金约 30 亿人民币。

康蒂集团在中国投资的原因是政府计划把枣庄发展为中国旅游业领域，并成为北京和上海之间的旅游中心。如枣庄高铁建设和枣庄城市建设计划，所以枣庄政府邀请康蒂集团到那里投资。郑芷荪先生已经看到在那里投资所带来的前景，尤其是传播泰国文化，加强中国人对泰国的认识，该项目建设预计需三年时间。

以低调示人的新任侨领

作为华裔，郑芷荪从小跟着父亲郑继烈接触华人社交圈子，认识很多华人华商，也听得懂华语，但他很少在华人社团出现。他的父亲是泰华著名侨领郑继烈，泰国工商总会的老主席。

为什么 2012 年突然进入华侨社团并担任主席要职呢？郑芷荪说：我被 90 高龄的父亲寄予厚望，又被工商总会的全体理事推了出来，我也慢慢认识到这个商会的价值，工商总会是有 60 年历史的华人社团，在泰国，在中国，在其他很多国家，这个会都很有名望，我父亲也花费了几十年心血在这个商会里面，所以，我有责任把这个商会继续做下去，还要做得更好。

作为泰国家喻户晓的企业家，并名列泰国成功人士，郑芷荪获得泰国的商业社会及其他企业家的认可。2012 年 8 月 20 日，郑芷荪被选为第二届泰国工商总会主席。举办的第 18 届泰国工商总会董事会和第 36 年的纪念活动，泰国总理英拉·秦那瓦阁下亲自出席并主持庆典仪式并授予主席印信。

英拉总理在致辞中祝贺泰国工商总会新一届董事会的成立，相信第 18 届董事会每人各有所长，各有所能，同时被社会各界所接受，才能获得这个盛誉的职称。尤其是郑芷荪先生蝉联当选第 18 届主席值得钦佩，足以印证其英明领导，深深得到众会员的赏识支持，如同泰国工商总会老主席郑继烈先生获得了全体成员的信任，领导泰国工商总会创造出今天辉煌的成绩。

英拉总理说，泰中两国的友好关系悠久，两国有长期的合作关系，在经济、社会、政治、艺术和文化上的关系密切并能够达成一致。

特别是当今的中华人民共和国在世界舞台上扮演着重要的角色，是未来经济的领导者。她身为国家总理、政府首脑有机会到中华人民共和国第一次做正式访问得到隆重的接待感到高兴。作为中国领导人，当时的中华人民共和国副主席习近平先生亦曾经正式访问泰国，泰国政府以嘉宾接待，增强了两国之间的良好关系。

此外总理还表示，当局政府将协助泰国工商总会持续配合政府的政策，拓展泰国与中国的经济、商贸和投资的各方面合作。

媒体平台，增加信心和信念

五年前，郑芷荪以一亿泰铢收购了泰国一家 60 年历史的华文报纸《星暹日报》，郑芷荪先生为该报社长，外柔内刚不服输的他，在华文报业上再做一番尝试。如何发展报业，作为支持东盟经济共同体，如何让更多的中国游客和中国企业界前来泰国，郑芷荪先生有很多计划。

目前《星暹日报》已售 20% 股权给中国南方日报，郑芷荪先生想通过南方日报在中国的影响力和庞大的社会关系，来发展并加强《星暹日报》在东盟的地位。

有志者，事竟成

在别人的眼里，郑芷苏是一个运气好的人。在国内和国外做了几年生意。

曾经，年仅 30 岁的郑芷苏，荣登 100 位悉尼大亨排行榜；又曾经，32 岁时他一跃成为泰国房地产商排行榜 30 名中的翘楚。他幸运吗？这么年轻就驰骋商界获得成功，性格内向的郑芷苏从不喜欢开怀大笑，他也从不承认自己是幸运儿，他始终认为：幸运占 20%，努力占 80%，做生意全在于人，是靠自己的头脑和不懈努力的结果。郑芷苏说，他做任何生意都有个特点——不跟风，全凭自己的头脑去观察去分析，生意和炒股票一样，有人赚钱，有人赔钱，关键在于自己的头脑和分析判断。

郑芷苏始终坚信，坚持不懈、永不言弃，才是他成功的秘诀。

中华文化在海外繁枝茂叶

——访年轻企业家冯文亮

泰国跟中国并不接壤，建交时间不算太早，但是，中国人从祖上无论在贸易还是政治、军事、文化等方面都跟泰国人民建立了深厚的友情。

冯文亮

每次见到冯文亮都有一种亲切感，高大，帅气，直率，因为爱开玩笑加上年龄相仿，我和他走得比较近。知道他很忙，光侨社职位，就已经让他够累的，还要中泰两国企业来回地跑，好在年轻有为，不算太辛劳。

冯文亮现任驻泰中资企业商会理事副秘书长，泰中文联副主席，泰国山东总商会执行会长。冯文亮祖籍山东招远，2004 年 6 月 9 日受中兴通讯股份有限公司委派来泰国开展业务，在泰国工作了几年，他喜欢上这个微笑的国家，于是，2005 年开始自己创业，现任泰山国际集团有限公司董事长、总裁。在泰国 11 年多的时间里，感受很深，为泰中两国的企业和文化做出了卓越的贡献。

由于工作性质比较特殊，他往返中泰之间，把中国的好产品介绍到泰国，把泰国的好产品卖到中国。居住泰国多年，在原来的企业里感觉自己是一只井底之蛙,跳出来后发现外面的世界真的很大,机会很多。他自己认为聪明、勤劳的中国人就像一粒生命力顽强的种子,只要有合适的土壤和环境就很容易生根发芽;他坚信善良、朴实的中国人生存能力强,将来一定会真正地融入到地球村的各个国家各个角落。

精力充沛的冯文亮在中资企业商会里,协助和配合商会领导组织文体活动,接待国家和各省市的文体代表团,参加使馆和商会组织或承接的文化娱乐活动。

在山东总商会里主要是参与、组织、协调、推动山东省和泰国之间的经济、文化交流活动,为山东在泰国的企业搭建经济、文化平台,配合国家"一带一路"的经济战略进行普及、宣传、推广,比如法律税收讲座、商务论坛、考察访问、文艺演出等一系列活动。

"无论在哪个社团,不忘祖国、不忘家乡,为中华文明的传承,为中国博大精深的传统文化比如书画、戏剧、中医、陶瓷、民间艺术等略尽绵薄之力。"话说完毕,他竟有些腼腆了。

2015年时值泰中建交40周年,也是东盟一体制开动的第一年。作为一名海外华人,冯文亮大谈他对泰中两国未来关系的理解:

> 泰国跟中国并不接壤,建交时间不算太早,但是,中国人从祖上无论在贸易还是政治、军事、文化等方面都跟泰国人民建立了深厚的友情。新的中华人民共和国跟泰王国建交后,两国之间的友情更是迅速升温,在40年的友情里,两国的关系从普通的邦交已经发展成为"中泰一家亲,亲上加亲"的战略合作伙伴关系,这不仅得益于中国政府'和平共

处五项原则'的外交政策，同时也得益于已经扎根并融入泰国社会的华人、华侨的辛勤耕耘和经营，特别是老一代的华人、华侨和他们成立的社团组织，无论是政府还是民间，华人、华侨为两国和两国人民的政治、经济、文化等多个领域的合作都做出了不可磨灭的贡献。在政治互信、经济互助、文化相通、理念相近等的基本原则基础上，在新老华人、华侨心向祖国、不忘故土、勤劳发展、回馈乡梓的华人精神鼓舞下，在两国政府和各民间社团、组织的积极推动下，随着祖国不断发展壮大，在国际舞台的话语权不断增强，随着中国在东盟、亚洲乃至世界的地位和影响力不断增大，两国之间的政治、经济、文化等多领域会有更多、更深、更长远的发展契机。相信，将来两国人民必将亲如兄弟，守望相助；两国政府也必将开拓一个全方位、多领域、亲密无间的战略合作关系。

　　自中国改革开放以来，很多中国人漂洋过海，寻找自己的发展天空，2000年后的中国经济发展迅速，在海外发展的中国企业也渐渐增多，他们带出去的是企业文化，还有根深蒂固的中华文化，许多人跟冯文亮一样，努力、勤奋、上进，很快地融进泰国社会，并把优美的中国传统文化融合在泰国的文化中。

为中国高铁走进泰国助力

——访企业家虎炎女士

多年前那位年轻的兰州姑娘，现在已经是泰华界著名的企业家，她从一个地方走到另一个地方，从打工开始成就了她的一番梦想。

虎炎，来自中国西北的甘肃省兰州市。当时的兰州属于一个比较闭塞的城市，所有的热血青年都在做"出国梦"，当然，她也不例外。为了这个梦想，虎炎一直在努力着，不断寻找新的机会。那时候想要出国还是比较困难的，但是幸运的是，几经辗转她来到了泰国打工，后来有了自己的事业，就在泰国安家落户了，也慢慢地爱上了这个国家。

1991年虎炎从甘肃走出来，先到西安，转至深圳，终于在1994年来到了泰国。在泰国奋斗的这二十二年里，虎炎经历了许多风风雨雨，但她从未放弃过，因为她坚信任何困难都是人生锤炼她的过程，只有经历了这些挫折后才能够变得更强大。在这过程中虎炎获得了太多宝贵的人生经验和做人的道理。

泰国素有黄袍佛国、微笑国度之称，不得不说泰国特殊的文化深深地影响了虎炎和她的事业。随着她对泰国深度的了解和融入，自己的事业也蒸蒸日上。谈到成功，虎炎认为对她来讲还太早，她还需要继续努力。虎炎的奋斗经历并不复杂，那就是让自己一步一个脚印，踏踏实实地稳步前进，给自己设定一个目标，不怕苦不怕累地努力，不断地扩展自己的阅历，不放过任何一个机会。至今为止，虎炎已经拥有了三家公司（时空国际旅游贸易有限公司、唐明本草有限公司、中心物流有限公司），并同时担任泰中（西北）商会的会长、驻泰中资企业商会副秘书长、泰国国家妇女院理事、泰中文化人联合会副秘书长等职。

为中泰两国的铁路和高铁建设做贡献

既然能决定在泰国安家落户，虎炎当然很爱这个国家，但是同时她也深爱着她的祖国，所以长期活跃在中泰两国之间各类交流项目中。2015年3月28日中泰签署了高铁合作协议，虎炎在此次项目中倾尽所能为祖国做贡献。一件大事需要千千万万的人一起努力和拼搏，作为海外华人，能够参与中泰两国的重大项目是一种莫大的荣幸，虎炎说：

> 具体来讲，我所做的都是一些看似平凡但却必不可少的辅助工作。当中国相关领导来泰国开展铁路项目时，我们能够最有效率地为其安排食宿，陪同考察并提供各个方面的帮助。想到自己多年来在泰国积累的经验和人脉，可以在此时为祖国的重大项目做出贡献，等到中泰高铁通车的那一天，

我看着那"钢铁巨龙"飞驰的样子，也可以跟我的朋友们自豪地说："这里还有我的一点儿功劳呢！"

坚信中泰两国的关系将越来越好

2016年是中泰两国建交41周年。近年来，中国大力发展的"一带一路"和"21世纪海上丝绸之路"都跟泰国有着千丝万缕的联系。在此之际，虎炎祝愿中泰两国能够共同进步，互帮互助，因为她坚信越来越好不只是她个人的心愿，也是中泰双方的发展目标。

"当然，作为在泰国的海外华人，我们都在尽自己的努力为中泰之间的美好搭建桥梁。2015年3月26日，由泰国商务部正式审批成立的泰中（西北）商会，是我和团队一同建立的中泰社交组织。现在的我是一名泰国海外华人，但我首先是一个中国西北人，建此商会不仅是为了中泰之间的友谊，同时配合国家的发展道路，更是希望商会能够成为中国西北五省和泰国之间的纽带，促进中泰两国的友好关系。"

"我相信不止我一个人为此努力，在泰国更是有千千万万的海外华侨都在为此努力奋斗着！"虎炎满怀信心地说。

华为，行走泰国，面向世界

——访华为泰国分公司副经理许临峰

在泰国 6700 多万人口中，拥有手机的人占 35%。在众多的手机客户中，每两人中就有一人是中国华为公司泰国分公司的预付费用户。可以说，华为公司是中资公司在泰投资合作最成功的范例之一。

作为中国电信市场最大的供应商之一，华为公司坚持以提供"质量好、性价比高、服务好"的客户化全套电信网解决方案的战略，拓展国外市场。华为公司 1999 年开始进军泰国，经过两年的市场调查，2001 年在曼谷成立了华为泰国分公司。

中国公司在海外创业不容易，对于这个成功的创业典范，我采访了华为泰国分公司的副经理许临峰，聊聊华为公司与泰国企业合作的成功之路。

华为在泰国有三大业务，即运营商、通信设备以及 BTB。据统计，全球最大的业务第一应该是亚里斯，华为可以排在世界第三。目前，华为泰国分公司的主要客户有泰国现代电信公司、泰国电话电信有限公司（TT－T）和泰国电信机构（TOT）等，几乎囊括了泰国的电信主流市场，数据卡、手机以及消费者业务，企业网、电信方案，泰国军队以及政府的视频通信等。

以"双赢"成为主流供应商

华为公司于 1987 年在中国深圳成立，目前遍及全球。高科技的智能手机一直受到人们的青睐。华为公司共有 17 万名员工，48% 的人从事科研。这个具有全球 17 个地区部的科技公司，其东南亚总部就设在泰国，2014 年的全年收入是 463 亿美元。自身具备 1 万人研发队伍是华为公司的最大优势。华为每年把 15% 的收入投入研发工作，自主开发硬件和软件产品，节省了进口外国技术的昂贵费用，大大增强了在同类行业中的竞争能力。他们持续研发，持续发展，产品对路，很快得到泰国客户的青睐。

"双赢"是华为公司对外合作坚持的一个基本原则，即合作双方都要受益。他们本着这种互惠互利的原则，通过不断加深与泰国客户的沟通与交流，抓住了当前泰国电信业处在发展跳跃期的机遇，很快成为泰国电信市场的主流设备供应商。泰国客商认为，华为公司为他们提供了"客户化方案、高新价低产品和优质的服务"，从而赢得了市场。

全面树立品牌形象

华为泰国分公司本着"质量好、价格低、服务好"的宗旨，以客户和市场为中心，在泰国电信界享有一定的知名度，树立了中国电信设备供应商的海外高科技品牌。分公司在创业过程中得到泰国有关政府部门和各界人士的热心帮助与支持，与泰国的主流移动、固定电信运营商及行业合作伙伴都有良好的长期合作关系。

以泰国最大的移动电信公司泰国现代电信公司为例，公司原来在泰国只拥有 200 万移动电信客户，在与华为合作后，不到两年时间已发展到 1200 万移动用户，占全国用户的 60%。此外，泰国现代电信公司还拥有 1000 万预付费用户，风靡泰国的 1 — 2 — CALL（预付费用户）就是由华为分公司独家提供的。华为分公司还为泰国现代电信公司提供了网络平台和移动智能网，仅一年时间，华为已占有该公司网络平台份额的 20%。

着眼长期发展战略定位

作为泰国电信市场的主流设备供应商，华为泰国分公司 2002 年在泰销售额已达 30 亿泰铢，成为泰国纳税大户。对此，华为并未故步自封，而是为自己制定了更高的目标。目前，华为泰国分公司拥有 100 名员工，多数是电信高科技人员，其中泰籍员工占 75%。该分公司计划进一步推行"服务本地化"和"市场多元化"的战略，加大为泰国电信行业服务的力度。在华为泰国分公司位于首都大厦 19 层的工作区可以看到，公司工作秩序井然，"热线服务""市场拓展"和"售后服务"等部门齐全到位。许临峰说："我们对在泰国长期发展充满信心，希望能充分发挥自身优势，更好地为泰国电信业服务。"

目前智能手机销售商都在寻找耐用、高科技、外观时尚与功能强大融为一体的产品，华为公司的 P7 可以满足以上全部要求。目前华为在泰国的发展方略是同时与渠道零售商和电信商合作，计划在今年底让华为产品进入泰国各大手机零售店，争取使销售额再创新高。

在华为东南亚地区企业业务部，华为开始进军已经拥有思科、诺基亚、西门子等大公司的泰国市场，目标将泰国建成东南亚地区企业业务的中心，对华为来说，这将是严峻的挑战。华为已正式任命价值系统公司作为为企业解决方案的主要营销商。

打造中泰旅游养生胜地

——访泰国钻石城集团董事长马思华

泰中友好协会副会长、泰国钻石城董事长马思华先生智睿高远、德高俊清，几十年如一日打造泰国旅游养生胜地——泰国钻石城，为泰国旅游房地产开发打造全新的产品，以自然和谐、传承文化、崇圣与休养为目标，打造东盟旅游文化城，奉献社会，服务民众，形成天人合一之理想社区。《东盟商界》特别采访了马董事长。

马思华

创建服务工业区，服务社会

马思华董事长用 30 多年的时间打造了泰国首个服务工业区——泰国碧武里钻石城服务工业区，使其成为一座新兴的旅游文化城市。

回溯多年前，马思华董事长和家人到碧武里康卡沾旅游休闲，碧武里府大片绿色的森林丘陵、种植菠萝的土地、丰富的土地资源让马思华欣喜不已，当时他说："如果有谁愿意把成千上万的土地卖给我，我肯定要买下来的。"

这里美丽的风光、优越的自然环境、温和的气候，给马先生留下很深的印象。他想，这里的交通比较便利，环境适合老年人或是愿意与自然为伍的中青年人居住。如果带着妻儿，或是三两好友，漫步山水间，也别有一种情趣。

通过友人——碧武里府人民代表帕尼·三帕哇库的帮助，马思华决定前往碧武里看土地，买下当地一万多莱（1 莱相当于 2.4 亩）土地，他想把这里打造为一座新的城市。

"我等不及仔细分析就决定买下这片土地，这是一个庞大的数目，我收集了 1.6 万多莱，所有土地文件等都是合法的；6 年后，我和我的好朋友以及我尊敬的长辈们合股合资，买下了这片黄金土地，注册资金为 2 亿泰铢，成立了泰国碧武里钻石城服务工业区和泰国钻石城发展有限公司，时间长达 8 年，这是泰国最大的房地产投资项目。"

随后聘请高尔夫球场设计大师——策·汶亚拉达卫先生、杰克·尼罗斯先生和澳大利亚大师格列科·诺尔曼先生设计了三座 72 标准杆的 18 洞高尔夫球场、体育中心和配套设施齐全的度假屋。

现在，高尔夫球场 27 个洞已经使用，另外 27 个洞正在建设中，还有一部分也在筹备建设。度假村客房共 320 间，装修美轮美奂，向国内外爱好打高尔夫的人士和游客开放，度假村里面设有会议室、餐厅、游泳池、健身中心、桑拿按摩保健中心，还有网球、篮球、足球、排球，羽毛球、台球、水上自行车、陆地自行车等场地，目的是打造一个新的休闲宜居之地。

"新城市"的社会改革

泰国碧武里钻石城服务工业区，占地面积 3.5 万莱，根据地区特点，共划分为八个生活区域，设计的布局有：A 区为粉红区，包括高级住宅区、五星级酒店、公寓、养老院、休闲娱乐中心和会议中心，以及东盟文化中心；B 区是黄色区，是商业贸易中心，绿色区域是住宅区；C 区是教育区和住宅区，泰皇御和皇后手工艺职业中心；D 区是高级住宅区和保健中心；E 区是外国人住宅区和教育中心；F 区是轻工业区和运输中心；G 区是高尔夫球场和运动中心；H 区是商业机场和服务工业区，从机场接游客后飞碧武里钻石城服务工业区只需要 25 分钟，此外还计划打造一个飞行学校和展览中心。

经泰国工业区管理局批准给予购买土地、住房的外国人士可长期居住或拥有永久投资经商的权益，包括 5 个方面：泰国工业园管理局法律保护 100% 的房产、地产权；依据外国人出入境管理法获得签证，可以居留泰国；得到泰国投资委员会减免税收优惠政策；根据泰国投资法，自由携带外汇的权益；在泰国工业园管理法和出入境管理局批准下引进专家、工程技术人员并家属到泰国工作居留。

"这是泰国首个唯一的服务性质的工业园区，购买土地者能够享有 15 项优惠政策，比如可以享用高尔夫球场、网球场、羽毛球场、足球场等设施。我们有 3 间餐厅，一个泰式按摩院和一间诊所，免费为穷人医疗。此外，如果投入足够的资金购买土地，我们将优惠折扣。"

　　对于工业投资者来说，允许拥有 100% 的土地和房产权是企业家梦寐以求的。康卡沽服务工业区是物流系统的中心。这片美丽的土地欢迎外国投资者前来洽谈、购地、购房，并借以了解周边的东盟国家的商务市场。泰国钻石城是舒适的居住休闲和最佳旅游地区，有完善的交通中心和仓库中心，为客户提供便利。

　　在这片面积 3.5 万莱的服务工业区里，泰国钻石城集团将设立东盟投资中心，致力打造成外国投资者最佳度假生活区。同样的，游客可以到曼谷附近城市旅游休闲，这里距泰国湾约 35 公里，距安达曼海约 70 公里，全年的海风清爽怡人。

　　"我们将致力于发展泰国的旅游业和投资业、保健业和体育事业。这里自然风景优美，曾是泰国数代国王的避暑行宫。境内的纳黎宣区德林达的丘陵、森林、溪流、瀑布和大小湖泊被联合国科教文组织列入世界自然保护区。"

　　"我们欢迎中国投资商前来投资发展。现在越来越多的中国人到海外投资兴业，尤其东盟区域，来投资的华商很多，我认为这里作为东盟最佳投资中心是比较适宜的。"

　　"我的中文名字叫马思华，我的名字里就有思念中华的含义，我永远不会忘了我是中国人的后代。我希望我能找到共赢的合作伙伴，并协同合作伙伴一起开拓并塑造这片美好的家园。中国已迈入中等收入国家行列，我希望我们的同胞能够共同到泰国赚钱并享受人生，我愿意为了两国的繁荣和长期友好的关系而贡献力量。说实在的，我珍惜这片土地胜过我的生命，如果能为泰国和自己的祖籍国——中国做出一些贡献，我会特别开心，并深以为荣。"

通过采访，我们可以看到，马思华在商业方面具有天赋，加上精进的努力，取得令人瞩目的人生成就。《东盟商界》曾经连载介绍过他众多的慈行善举，也受泰国和中国的广泛认同和尊敬，最主要的是他奋斗不息的生命意志和淡泊致远的佛教情怀。他作为泰中友协副会长，也为两国的友谊做出了身体力行的无私奉献！泰国国王72圣寿纪念日，他捐献了佛丕府他阳县他迈洛乡119莱土地，以兴建丕泰帕他纳瓦拉纳佛寺。

马思华在政治、经济、社会事务方面业绩斐然，他曾任前总理炳·庭素拉暖上将顾问；前总理察猜·春哈旺上将顾问；前总理差瓦利·荣知育上将顾问。1998年12月5日获得泰国国王赏赐四等白象勋章；2002年12月5日获得三等王冠勋章；2004年12月5日获得三等白象勋章。

华文教育

佛音与汉语是世界上最美的语言

——访赵昆通猜大师

眼下我最重要的一件大事，就是与泰国教育部、中国教育部、中国国家汉办合作，建立一个远程的网络汉语教学项目。

赵昆通猜

在泰国曼谷繁华喧闹的唐人街一隅，壮观瑰丽的岱密金佛寺巍然矗立，这里因供奉着泰国三大国宝之一、世界最大的一尊金佛而闻名于世。

全球首家孔子课堂——泰国岱密中学孔子课堂，就坐落在寺钟悠悠、青烟袅袅的岱密金佛寺中。

赵昆通猜

61 岁的赵昆通猜大师是泰国岱密中学孔子课堂泰方主席。他更为人熟知的另一个身份，是泰国副僧王、岱密金佛寺副住持，在泰国地位尊崇、德高望重、信众无数。

赵昆通猜大师于 1953 年 2 月 21 日出生于泰国春府攀通县，双亲有华人血统。自 1971 年考取一级法师以来，他先后担任皇家田广场佛经副主考僧、玛哈长老协会公共救济处委员等职，现任泰国隆财基金会主席、岱密中学孔子课堂理事会泰方主席、岱密金佛寺副住持。

在百分之九十以上人口信仰佛教的泰国，寺院办学的传统由来已久。"创办全球首家孔子课堂，这与泰国整体教育发展趋势相关联。"赵昆通猜大师接受"新世纪丝绸之路华媒万里行"采访团专访时，回忆起这段并不偶然的合作之始：十年之前，泰国学校开始引入汉语学科，作为最早、最主要的参与者，赵昆通猜与中国机构合作从编写教材、教师互换开始，直到 2006 年"在一个非常好的机会下"创立岱密中学孔子课堂，至今已近八年。

泰国曼谷市岱密中学初一到高三的孩子们都在孔子课堂学习汉语。由于中国的发展，汉语已经成为越来越重要的一种世界性语言，学生们也越来越认识到学习汉语的重要性。

"到今天，我们已经取得了比较大的成功。"赵昆通猜带着自信的笑容说。

在赵昆通猜的推动下，泰国曼谷市 438 所中小学开设了汉语课程；他参与研发推广的汉语教材在泰国 200 多所学校中使用；他开创的"汉语桥—宝石王"杯国际汉语大赛已经成功举办了 10 届，累计有来自泰国、新加坡、马来西亚等国近 3.2 万名青少年参赛，已经成为中国境外最大规模、影响最广泛的国际性汉语大赛之一。

十年过去，泰国的汉语学习者，从最初的 1000 人发展到将近 100 万人。从幼儿园、小学、中学，一直发展到大学教育，汉语教学在泰国已经形成了一个完整的体系。

十多年来。赵昆通猜大师投入了大量时间、精力和经费，孜孜不倦地帮助汉语教育及中国文化在泰国的普及与推广，为提高泰国青少年的汉语水平、促进汉语教育的发展做出了极大贡献，可谓功勋重于泰山。泰国教育部因此为大师颁发了"特别贡献奖"。

"在泰国推广汉语教育，对中国与泰国未来在经济、文化方面的关系非常有益。"赵昆通猜说，泰国汉语教育取得如此大的成功，要取决于中泰两国之间血缘相亲、文化相近，这些是泰国汉语教育成功的基础。

"所有一切，都推动我们今后一个更大目标的实现，那就是中国与东盟之间更为紧密的关系。"赵昆通猜说，泰国作为东盟十国之一，已经做好了和世界接轨的准备，而中国与东盟的关系在其中尤其值得重视。

多年来赵昆通猜大师投入大量精力于孔子课堂的发展，在他的积极努力下，泰国诗丽吉王后陛下、玛哈·哇集拉隆功王储殿下、朱拉蓬公主殿下接见了岱密中学孔子课堂的工作人员；诗琳通公主更是多次参加课堂组织的活动。孔子课堂先后接待来访 1.7 万人次以上，被国家旅游局定为国家级中国文化景点。孔子课堂历次大型活动更是得到了泰国各大华侨华人社团的支持及数百家大、中、小学领导、老师与学生们的热情参与。

在赵昆通猜大师的支持下，岱密中学孔子课堂举办了大量汉语教学和中华文化展示活动，一直受到泰中主流媒体的广泛关注。包括中国中央电视台国际台、新闻台、英语台、中国网络电视台；泰国国家第三、五、七、九、十一电视台，NATION 电视台，泰国中文电视台等众多电视媒体对孔子课堂进行了专访；中国国务院新闻办、外交部等中国政府网站，新华网、人民网、中新网等主流媒体和汉办官网、新浪网、搜狐网、凤凰网等各大门户网站均对课堂各项活动予以全方位报道，泰国久负盛名的泰叻报等五份主流泰文报纸、泰国六家华文报纸及中国天津日报等地方媒体长期关注着课堂的成长历程。

"我现在已做好准备，通过文化教育合作，推动中国与泰国之间关系更进一步。泰国的孩子学好汉语，对中国的文化有更深了解，对今后两国之间无论经济或其他方面的发展都十分有益。"赵昆通猜大师满怀信心。

中泰两国在教育领域取得的成就是非常显著的，特别是 2007 年中泰两国政府签署了相互承认学位和学历的协议，极大地促进了两国在教育方面的合作，两国间有上百所高等院校已经或正在建立非常务实的合作关系。

近几年来，在泰国的中国留学生已经达到两万人，中国接受的泰国留学生也达到 1.7 万人。孔子学院的教育，在泰国受到热烈欢迎，两国已经合作建立 12 家孔子学院，还有 11 家孔子课堂。尤其值得一提的是中国汉语教学志愿者在泰国执教的人数，已经达到 1800 人，累计已经达到 1 万人，这个数字占中国派往世界各国汉语教学志愿者的三分之一。

随着汉语教育逐步深入泰国的教育体系和社会各个层面，赵昆通猜又有了新的更为庞大的计划。

"眼下我最重要的一件大事，就是与泰国教育部、中国教育部、中国国家汉办合作，建立一个远程的网络汉语教学项目。"赵昆通猜说，这个项目已经在运作中，一旦在泰国试行成功，将逐渐复制到东盟其他国家。

2015 年是东盟一体化的起点，是泰中建交 40 周年的大庆之年。赵昆通猜大师决定联合博仁大学等教育机构共同申办"海上丝路孔子学院",目的是为了更好地发展和提升海上丝路的枢纽——泰国的汉语教育。

"海上丝路孔子学院"的建立体现了大师全球教育的战略眼光,也体现了他对泰国教育发展及学生未来高度负责的态度。赵昆通猜大师强调学院宗旨是:以推广汉语和中国文化为己任,努力成为立足泰国、面向东盟的先进孔院。学院规划预期的目标包括:建成并逐步完善基础教育、高等教育体系和各相关机构的数据库;支持并推广汉语、中国艺术和文化在泰国各部门的发展,使其达到国家及东盟标准;整合多媒体,以方便设备、资料和课本等资源及教学工作的开展;每年参与到汉语、中国艺术和文化培训的学员不少于3000人,无论是公司机构、政府部门还是民间团体都能参与到其中;使泰国海上丝路孔子学院成为汉语水平测试中心。

相信"海上丝路孔子学院"将会是一个高起点、广范围、大平台的孔子学院。赵昆通猜大师站在历史的高度,用与时俱进的目光,契合中国崛起与大发展的趋势,正着力筹建这样一个全新风貌的孔子学院!

中国情和爱国心

——访泰国中华总商会刘锦庭主席

我能在泰国生存、发展，主要是因为有强盛的祖国做后盾。

刘锦庭

刘锦庭先生 1935 年出生于泰国曼谷，1962 年毕业于东南大学机械系，现任泰国中华总商会主席、中华全国归国华侨联合会顾问、东南大学客座教授、泰中友好协会副会长、泰国篮球总会副主席、泰国刘氏宗亲总会理事长、泰华进出口商会名誉理事长、泰国华商联谊会稽核、泰国龙冈亲义总会副会长、泰大实业有限

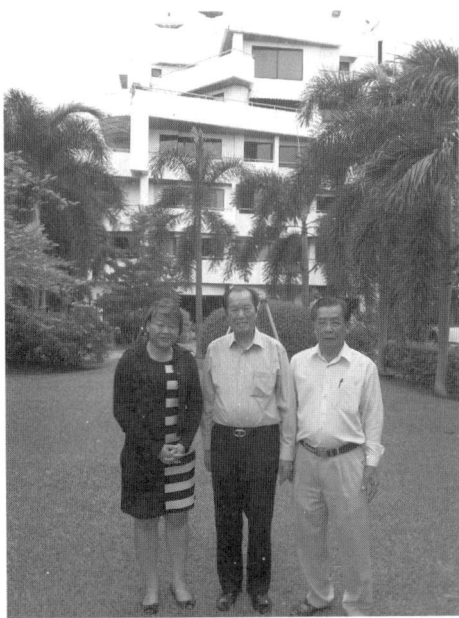

笔者与刘锦庭（中）合影

公司董事长、徐进华两合公司总经理。

1958年刘锦庭以优异的成绩考取南京东南大学（南京工学院）机械系，攻读汽车制造专业，学校的优良传统、严谨学风和文化底蕴为他日后的腾飞奠定了良好的基础。此后，他先后作为汽车工程师、电器工程师开始了艰苦的创业历程，并最终在20世纪70年代末期创办了泰大实业有限公司，集设计、制造、生产、安装为一体。在泰国，有将近70%的路灯是他的杰作。刘锦庭先生对中泰两国都怀有美好而深厚的感情，因此他一直致力于中泰友谊建设和贸易促进，并一直关注和支持东南大学和机械系的发展。

从曼谷到老家

1935年金秋的一个早晨，刘锦庭出生在泰国曼谷一个普通家庭。他的父亲刘先泽和母亲黄珍玉，都是从广东省普宁县南美乡漂洋过海来到泰国谋生的，他是他们的第二个儿子。他的父母共养育了七个子女，下面还有一个弟弟、四个妹妹。

1952年，在曼谷中华公学高小毕业后，年仅17岁的刘锦庭只身登上了开往父辈故乡的轮船。回忆当时的决定，刘锦庭说原因很简单，他希望看看父亲出生的地方，看看自己的老家。

汕头华侨中学是他回国求学的第一个学府。在那里，他从一句中文都不懂的海外侨生，用一年时间攻克了语言关，并完成了初中所有课程，考取了南京12中继续高中学业。1958年以优异成绩考取南京东南大学（南京工学院）机械系，攻读汽车专业。

1962年，当刘锦庭走出校门，正赶上从全国挑选优秀汽车工程师汇集长春，筹备设计第二汽车制造厂，他被选中了！对于一个从海外回到祖国怀抱的年轻人来说，这该是怎样的一种激动呀。他知道自己肩负的重任，他要全身心投入到建设民族汽车工业的伟业之中。

但在那个特殊的年代，"海外关系"带来的冷眼和不公正待遇，使他陷入了极度的痛苦之中。迫于无奈，他不得不带着妻子和儿子汉诚，含泪离开了曾经令他向往又留下了青春岁月的天地，重新回到湄南河畔的家。那一年，他的儿子5岁。

回泰艰辛创业

重新回到出生地曼谷的刘锦庭，已届而立之年，面对已经陌生的一切，面对等待自己养育的妻儿老小，没有先辈财产余荫的他，只能赤手空拳，从头做起。他凭着坚定信念，创立了"庭光电器行"，开始了艰苦的创业历程。

20世纪70年代末期，泰国经济开始起飞，工业现代化进程大大加快，随着国民经济快速发展，公路建设势在必行，有路必须有灯。刘锦庭瞄准了这一前景广阔的行业，投入设计安装路灯。凭借在国内搞设计的经验和高度负责的态度，不论工程大小，他严守信用，按时、按质量、按标准完成工程，越做越大。如今，他的泰大实业有限公司已经成为一个集设计、制造、安装和维修为一体，具有相当实力的路灯专业公司，泰国全国有将近70%的公路路灯是其杰作，在机场、码头都有他的公司参与建造安装的高质量照明设备。

事业成功的刘锦庭，用自己的能力赢得了社会的尊重，现在他担任着泰国中华总商会主席、泰中友好协会副会长、泰国刘氏宗亲总会理事长、泰国篮球总会副主席等社会职务。

国强，人强，语言强

离开中国前，刘锦庭的大儿子、5 岁的汉诚已经学会唱《红岩》，听他稚嫩的声音唱歌，是大人们非常开心的一件事。到曼谷后，因为当时的政治环境，不敢说中文，所以他和汉语逐渐陌生起来。随着时代的发展，经常和中国有商业往来的他又和 17 岁的儿子一起利用周末时间学起了中文。

说起泰国的华文教育，回顾历史，刘锦庭给记者总结了一句话：国家强，华侨华人才能强，汉语才能强，华文教育才能强。

刘锦庭认为泰国华文教育近些年发展比较快，已经有 103 年历史的泰国中华总商会创办的中中学院也已成立 3 年，而总商会和泰皇基金会一起创办的华文远程卫星教育则有 4 年了，这个网络虽然花了很多钱，但效果很不错，可以覆盖到每个城市，结合网络，还配有课本，教学内容从小学一直到初中。

但他也感慨，在泰国，华侨华人社团办的华校虽然较多，但规模都比较小，因为中文老师太少了。刘锦庭说，这是因为华文教育断层太久了。他说，在抗日战争之前，泰国的华文教育办得不错，抗日战争胜利后，华文教育也得以恢复。但随着新中国的成立，因为当时的泰国政府倾向美国，华文教育随即被禁止。这种情况一直持续到中泰 1975 年建交。而即便两国正式建交，华侨华人还是非常谨慎，较少公开办华文教育。直到 20 世纪 90 年代，华文教育才算真正重新开始起步，但这时候华文教育的一些老师都已经逐渐老去。

刘锦庭说，泰国大办华文教育，应该是从 2000 年开始。原因很简单：随着中国经济的发展，中国市场日益重要，中国国际地位日益提高，越来越多人意识到了华文教育的重要性。概括为一句话，就是"国强，人强，语言也强"。当然刘锦庭呼吁中国相关机构大力支持海外华文教育，派出更多优秀的华文教师，帮助培训泰国华文教师队伍，也希望有更多华文教育志愿者走到海外。

他介绍了自己在泰国奋斗的感受，说："我能在泰国生存、发展，主要是因为有强盛的祖国做后盾。我始终不忘自己是炎黄子孙，永远怀有一颗中国心，这是我们海外同胞与别的民族所不同之处。现在，世界到处都有我们华人拼搏的身影，泰国 6000 多万人口，我们华人就达 1000 多万。我们在不同的行业中发挥才智，建设泰国，也希望能成为祖国的骄傲。"他的话朴实无华，但情深意切，表达了他的一片赤子之情。

年过古稀的刘锦庭已经有 9 个孙辈，最大的 17 岁，最小的才几个月。他希望，他的小孙子们以后都能学好中文。

泰国华文教育薪火正在燃起

——访黄迨光博士

2015 年 3 月 13 日，为表彰对华文教育做出突出贡献的泰国华人，中国驻泰国大使馆代表中国国务院侨办，向 38 位泰华教育热心人士颁发了"华文教育杰出人士"奖。泰国西部华文民校协会主席、龙仔厝三才公学校董会主席黄迨光博士获奖。龙仔厝三才公学同时获得"海外华文示范学校"称号。

黄迨光是做工业用纸的，拥有心理学和管理学两个博士学位。九年前的偶然机遇，黄迨光进入到华文教育事业，在泰华各界的热心支持下，黄迨光勤勤恳恳致力于华文教育，创建龙仔厝三才公学并带动整个西部华文教育的发展。

泰国的华文水平和东南亚一些其他国家，如新加坡、马来西亚、菲律宾等相比要弱一些，因为 20 世纪泰国曾两次禁止华文教育，很多华文学校被封，华文教育在泰国差不多衰落了四五十年。泰国禁止华文教育的时候也正是像黄迨光这一代人上学的年龄。黄迨光的中学是在马来西亚的滨城读书，学习华文，不过他的小学是在泰国读的。据黄迨光回忆，那时候都是偷偷地学习华文，比如在教会学校，大家把华文教育的书一页一页撕下来贴在圣经里学习。当时的状况造成了很多泰国华人的华文水平不高，甚至好多已不会讲华文了，华文学校也就逐渐荒废、消失。

20世纪80年代，泰国政府开始鼓励华文教育，华文教育再度兴起，但当时好多华文学校已停办或荒废多年。在龙仔厝府原有的两所华文学校"培才"和"育才"也都消逝在历史中。2002年，本埠华侨陈永贵、王光月、林成和、许敦烈先生等人呼吁集资筹建华文学校，邀请黄迨光主持建校工作。起初，黄迨光因自己非专业教育人士，担心有负众望而婉拒，在众人的热切期盼和支持下，黄迨光主持成立了龙仔厝华教促进公会。从此，这位造纸业界的行家开始踏上了华文教育事业的征程。

万事开头难，黄迨光及公会理事出资3000万泰铢，并募得善款共计1.1亿泰株，选址、规划、建设，投入了巨大的精力和热心，2004年5月，学校终于建成，承袭龙仔厝府原有的华文学校"培才"和"育才"，新学校定名为"三才公学"。

三才公学位于龙仔厝府的绿化居住区，位置得天独厚，校园绿树成荫、青草芬芳、花香怡人。学校的现代化教学楼、图书馆、礼堂、游泳池、游乐园、音乐室、视听室等一应俱全。开设从幼儿园到高中各阶段班级，现有学生1000多人，进行中、英、泰三种语言的教学。然而，回顾2004年开学之初，一切都是从零开始的。三才公学的校长告诉《东盟商界》记者："现在黄迨光主席每周二、周五来两天，刚开始的时候是几乎每天都要来学校的。"建校之初，招生、宣传、师资、教学、管理、行政等事务繁多，黄迨光主席尽心竭力处理各项事务。三才公学就像一个刚出生的婴儿一样，在黄迨光主席及众人的精心呵护和栽培下茁壮成长起来。

三才公学办学时间并不长，从开学到现在也只有七年的时间，也就是在这短短的七年时间里，学校的教学规模、师资力量、教学水平等都达到了很高的标准，成为西部华校的典范。这些都离不开黄迨光的精心培育和管理。"我不是教育的专家，但我知道办学是要教书育人的，学校是给予人知识和能力的，是一项对社会有意义的事情，"黄迨光向我们这样解释他的办学心得及经验，"建学之初学校一切从零开始，就像一张白纸一样，不过这样也有利于我们设置全新的管理系统。"黄迨光将其管理工业的先进模式与方法引入到教育管理中来，涉及到学校管理和发展的各个问题，黄迨光都要和校董会、学校管理团队及老师进行沟通，集思广益是黄迨光管理学校的方法之一。另外就是不断学习教学管理的经验和方法。一方面与泰国华文学校交流经验，另一方面，也经常到中国参观考察当地的学校，以汲取先进的、科学的教学经验和方法。

　　三才公学的华文教学不仅仅是教授学生语言，而是把中华传统文化的教育与语言的学习结合起来，教学生中国的书法、绘画、音乐、民族舞和剪纸艺术等传统中国文化，通过这些使学生能够更好地理解中国文化，从而真正掌握和使用华文。2011年，学校初三的学生杨云晴，参加2011全球闽南语歌曲创作演唱大赛拿到全球第五，还有部分学生参加了南美公司即将发行的泰国学生中文歌曲专辑的录音。

　　除了在课堂上学习教材之外，三才公学还开展丰富多彩的课外活动，活跃学习气氛，培养学生的学习兴趣。课外活动的内容和形式丰富多样，并且区分不同的年级和语文程度，如幼儿园的"粘粘贴贴""唱唱跳跳""抽一抽，读一读"，小学一二年级的"你说我做""找朋友""小小书法家"，三年级的"问题抢答""词语接龙",四年级的"诗歌朗诵""对歌"等中文课外活动,共分九个小组级别的三十多种课外活动,使华文的教育不再那么刻板,而变得生动有趣。

三才公学现有华文教师13位,都是来自中国,虽然建校时间很短,但在华文教学方面却取得了优异的成绩。2012年1月份,泰国西部的15所华文学校,组织了一年级和二年级的华文统一考试,三才公学一年级的学生成绩排第四名,二年级学生成绩排第三名。2012年,学校二年级的林丽珊在参加南美公司举办的南美汉语语言技能大赛小学组当中,获得一等奖——诗琳通奖杯。

因材施教是三才公学的教育方法之一。三才公学的办学质量和水平不断提高,各年级每年都有从外面新加入的学生。从外面新进入学校的学生,华文水平和所转入班级的学生不在一个水平线上,有些甚至没有华文基础。针对这种情况,学校专门开设了新生班,不是按年龄而是按华文水平分级授课,比如现在有一个初中新生班,教的就是小学二年级的课程。新生班会强化华文基础,如拼音基础和会话能力。另外,在学校里每个学生的学习能力是不同的,大部分的学生学习效果都很好,但也有一些学生不得要领。"我们不能抛弃这些学习慢的学生。"黄迨光向记者强调,学校有责任教会任何来到这里学习的学生,三才公学的老师会根据学生的具体情况,安排补习功课。

三才公学有着全面的学生学习评估体系。据三才公学的校长介绍,对学生的考核不仅有考试成绩,还有平时的课堂表现、作业完成情况、课外活动情况等诸多指标,对学生有一个全面的、客观的评价,有助于学生查漏补缺、学习进步。

三才公学的华文教育同样得到了来自中国的支持。现有的13名华文教师是来自中国国务院汉办的,下学期会增加5位老师,其中有两位是文艺方面的，教中国歌舞和乐器，另外还有一位是体育老师。目前学校的体育馆正在建设，即将完工，建成后学生们的体育活动将更加丰富，黄迨光也非常关注学生们的体育锻炼，认为"要有一个好身体，学习才好"。去年的全泰国学生游泳比赛，三才公学获得了第二名的好成绩。在如何建立学生与老师、学生与学生、老师与家长的关系方面，黄迨光有一套成熟的经验和模式，良好的关系维护，保证了学校教学和学生学习能够和谐统一，良性发展。

三才公学在黄迨光的带领下有了良好的发展，对泰国西部华文民校的教学和发展也起到了示范带头作用。作为西部华文民校协会的主席，黄迨光也组织西部各学校之间进行经验交流，取长补短，推动整个西部华文教育向前发展。黄迨光为华文教育做出的贡献和努力得到了社会的肯定，成为泰国华文教育的杰出人士。

原本做纸业的黄迨光现在来办教育，当记者问及经营纸业和办教育有什么区别时，黄迨光表示，工业是要制造出产品满足客户需要，而教育是要教会学生知识和能力，将来做一个有知识、有道德的人，要对社会负责；另外，工业是可以计算收入产出的，是要赚钱的，而教育需要付出大量的资金和精力，不过收获的目标不是财富，而是社会的进步和发展。"当看到一个个学生成才，在社会上发展，我们会很自豪。"记者注意到，黄迨光在说这句话的时候，脸上是满面的笑容，也许这就是支撑黄迨光奉献教育事业的支点。记者祝愿三才公学的教育越办越好，桃李满天下。

汉语教学是责任

——访曼松德孔子学院中方院长温象羽

　　我在泰国生活工作已经三年半了。在这里的每一天，都是忙碌充实的。我会永远记得这里温和善良的人们，难忘他们挂在脸上真诚的微笑。我会想念这里宁静的清晨和充满魅力的夜晚，寺庙里传来的悠扬的钟声，伴我在异国他乡的每一天那么厚重温暖。

温象羽

　　温象羽于 2012 年 3 月来到美丽的泰国，担任泰国曼松德兆帕亚皇家师范大学孔子学院的中方院长。这所孔子学院是由中国国家汉办孔子学院总部创办，于 2006 年 12 月揭牌，由天津师范大学和泰国曼松德兆帕亚皇家师范大学共同承办的，是一所秉承双方合作院校师范教育特点，以本土教师培训为办院特色的孔子学院。而温象羽是由天津师范大学派出的这所孔子学院第三任中方院长。

　　曼松德孔子学院坐落在曼谷曼松德大学，走进大学校门，远远就能看到高高悬挂的"孔子学院"几个火红的大字，孔子学院建立近九年，已经深深扎根在这所百年老校的泥土里，成为曼松德大学令人骄傲的一个重要组成部分。孔子学院担任了曼松德大学从幼儿园到附中、中文系、周边语言的大部分中文课程，还定期免费为大学教师举办汉语培训班，组织大学教师去中国学习汉语。越来越多的学生和老师，通过孔子学院这个窗口，了解了中国，知道了汉语。校园里，越来越多的师生用汉语和我们打招呼。每逢中国传统节日，校园里高高悬挂的大红灯笼，迎风飘展的吊钱，给这个古朴的校园增添了浓浓的中国味道。

在孔子学院的帮助下，学校建立了中文专业，孔子学院的老师们担任中文专业的各项课程，因此，中文专业招生人数连年翻番。连续几年来，中文专业的学生参加泰国大学生汉语桥，都获得第二、三等奖的好成绩，曼松德大学的学生和泰国知名的朱拉隆宫大学、易三仓大学学生的成绩相差无几，在泰国汉语教学界引起了强烈的反响。最近两年，在孔子学院的帮助下，大学幼儿园第一次尝试开设幼儿汉语课，大学的高中第一次开设汉语特长班，这些全部由孔子学院的老师们授课。曼松德大学因为孔子学院的工作，汉语教学开展得如火如荼；因为孔子学院的存在，每年大批学生享受中国国家汉办的奖学金去中国留学；因为孔子学院的努力，大大提高了学校的知名度。在学校 108 年校庆典礼上，学校授予温象羽"特殊贡献奖"，以表彰温象羽对学校发展做出的特殊贡献，这也是学校第一次授给一个外国人奖牌。

在泰国工作的日子里，温象羽和她的同事们竭尽全力拼命工作着。汉语水平考试人数从她上任时候的 150 人发展到去年的 4000 多人，考试分考点从 1 个发展到 22 个，建立了 6 个教学点，孔子学院文化活动足迹辐射到泰国 35 个府，真正实现了中国国家汉办的"立足大学，辐射周边"的旨意。孔子学院每周六下午都会组织泰国本土教师前来参加培训，培训受到泰国教育部和本土教师的高度认可，规模和影响越来越大。

曼松德孔子学院在泰国教师培训领域独树一帜，受到社会各界高度赞赏和评价。近年来，培训本土汉语教师两万人次，遍布泰国中、小、幼汉语教学第一线；通过不懈努力，促成曼松德大学与天津师范大学合作培养国际汉语教育硕士项目的成功举办，在孔子学院内培养高层次的汉语人才，在泰国孔子学院是首例，此举推动了泰国汉语教学跨入更高的层次；还在孔子学院建立校友会机制，在全球也是屈指可数，保证了孔子学院可持续发展。上任三年多来，温象羽所领导的孔子学院于 2013 年再次获得全球先进孔子学院称号，孔子学院各项指标在全球评选中名列第二，她也于 2014 年获得全球先进孔子学院院长殊荣。

温象羽说在泰国工作的日子里，很多人和事让她难忘。最忘不了的是泰国学生们。他们对汉语的热爱，让她对自己的工作充满自豪和信心。

"在今年的全泰大学生汉语桥比赛准备中，选手的自身条件并不是那么理想，我也没有抱太大的希望。而这个中文专业瘦弱的、腼腆的男孩，所表现出来的对汉语的几乎疯狂的热爱和毅力，让我震撼。每天从很远的家中最早来到孔院，一遍一遍地练习，朗诵给每个老师听，回到家，把容易错的地方对着镜子再纠正。在决赛中，终于获得全泰第三名，得到了去中国观摩汉语桥的机会。他，只是千千万万热爱汉语的泰国孩子的一个代表。"

孔子学院每年要到近百所学校进行培训，举办文化活动，进行教学督导，那里稚嫩的读书声，孩子们用汉语和中国老师打招呼，课堂上孩子们用汉语快乐地做着游戏，让温象羽觉得自己的工作那么有意义。本土教师培训中，无论是外边下着瓢泼大雨，还是酷暑难挨，那些老师们，有些已经年过半百，风雨无阻来到孔院学习，有的老师告诉她，路上要近 3 个小时的路程，坐了地铁坐船，下了船坐汽车，然后还要打摩的才能到孔院，温象羽为本土老师对汉语的执着和热爱所感动，那时候，觉得所有的努力和付出都是值得的。

我是个有着30年对外汉语教学经验的专业教师，我愿意把我所有的专业知识，所有的时间和精力，都毫无保留地贡献给泰国的汉语教学和那些热爱汉语的学生和老师们，为泰国培养更多的本土汉语教师，一定要把曼松德孔子学院办成泰国本土汉语教师重要培养基地，为此我无怨无悔。

至今，我在泰国生活工作已经三年半了。在这里的每一天，都是忙碌充实的。我会永远记得这里温和善良的人们，难忘他们挂在脸上真诚的微笑。我会想念这里宁静的清晨和充满魅力的夜晚，寺庙里传来的悠扬的钟声，伴我在异国他乡的每一天那么厚重温暖。忘不了和我一起工作的泰国伙伴、同事、朋友们，尽管也有着文化的不同和碰撞，但我更体会到中泰一家亲的深深内涵。他们给我的关切，支撑着我度过在泰国的每一个艰难时刻。在这里，每一天清晨，保安亲切地打招呼，清洁阿姨愉快地问好，温馨祥和，让我忘记自己独在异乡为异客的孤单。将来有一天我会离开这里，但这里美丽的异国情调，终年的花香，满眼的绿色，永恒的微笑，温和细腻的民俗，友好善良的人们，都将印刻在我生命里。

泰国，是温象羽的第二个故乡，永远是温象羽今生最美好的回忆。这里，有她挚爱的学生和朋友，有她洒下的欢乐和汗水，有她为之奉献那么多年精力和心血的汉语教育事业，此生都不会忘记。

学者风范的儒商

——中中学院院长廖锡麟

　　中中学院院长廖锡麟被
很多人称为"最具学者风范的
儒商"。他生于泰国华侨世家，
幼承庭训，饱学中华文化，穷
究四书五经。长时间的文化熏
陶养成了他儒雅斯文的气质，
也影响着他的价值观，甚至经
商之道。这也让他更加明白在
泰国传播中华文化和兴办中
文教育的重要性。

　　廖锡麟的父亲，已故侨领
廖公圃老先生，当年为中泰两
国和泰华侨立公立德，贡献极

廖锡麟

大。廖锡麟继承先父遗志，默默地为社会公益事业做出了很大的
贡献。他常年捐助华侨报德善堂，不断地支持社会教育和文化事

业，特别是华文教育的发展，泰国华侨崇圣大学兴建之时，他就同家人以先父的名义捐献了 1000 万泰铢。

廖锡麟：儿时记忆是一本史册

廖锡麟的祖父廖保汕是典型的广东澄海人，早在 150 多年前来南洋泰国，当年的老华侨都是白手起家。廖祖父在泰国南部纳空西贪玛拉开始了货物买卖，后来成了南部最大的商人，火锯厂、鸦片馆、船运，生意之大，廖祖父和第六世皇结缘的故事成了一段佳话，后来廖祖父带动了泰国华人返梓帮援水灾，获第六世皇赏赐姓氏，赏封爵位。当年的廖祖父是泰国第一家燕窝王，在泰华侨界名声大振，曾任第九届中华总商会主席，说是第九届，却是第三人出任主席一职。为了让子孙能接受华文教育，廖祖父把当年才 17 岁的儿子廖公圃送到中国学习。显赫的家族以及父亲廖公圃对廖锡麟的影响很大。1931 年日本占领东北，泰华人士组织抵抗日本，1937 年中日战争爆发，父亲廖公圃组织了抗日活动，与蚁光炎同期开办华文报纸，这也是泰国华报《新中原报》的前身《中原日报》。

1938 年，唐人街天外天的主人陈锦川为泰国潮州会馆主席，廖公圃为副主席，蚁光炎则为财政，后来敢说敢做的蚁光炎很快被推选为中华总商会主席。1939 年蚁光炎被日军派来的杀手暗杀身亡，泰华各界在光华堂举行纪念蚁光炎活动，当时的光华堂也就是中中学院的前身。1941 年日本打进泰国，陈锦川和廖公圃继续组织抗日，后来陈锦川和廖公圃一起被日本派遣的泰国政府捉拿，上了军事法庭，刑事法庭上陈、廖二位抗日领袖被判无期徒刑，这一段历史纪事现在还保存在泰国的图书馆里。1945年日本投降之后，陈、廖二位抗日领袖被释放。

廖锡麟的求学路

1937年，当年孙中山的左右手廖仲恺的太太何香凝以及儿子廖承志在香港成立办事处，开始爱国募捐活动。1939年廖公圃把家迁移到马来西亚槟城。虽逢抗战时期，但廖锡麟并没有失学，继续他的华文教育。抗战胜利后，泰国华文学校重开，中临中学为槟城的名华校，10岁的廖锡麟走进了中临中学完成了高小学业，一年多过后他上了高小六年级，七八年后父亲出狱，全家重新回到了曼谷做起了生意，银行保险、行舟乘船业务算是家庭企业。当年的京华银行，后由泰华著名侨领郑午楼经营。1997年金融危机，京华银行被泰国政府收购并改名为曼谷大众银行。

战争结束后，中华中学于1946年复学，廖锡麟继续在中华中学学习华文，两年后泰国政府排华，中学以上学校被关闭，而小学则在规定的时间里开设，中中学习小组就在这样的环境中产生，当时小组有10~20人，为了学习中文，游击战学中文，两年后，15岁的廖锡麟，被父亲派送到香港培侨中学就读了半年，后再到广州学习。就读高二（第二学期）并很快地完成高三学业。廖锡麟于1952年考进了清华大学（全国联合高考）电机工程系（数理化工程），开始了5年的课程学习。清华大学期间廖锡麟有机会在中国各地学习，特别是沈阳电力发电厂等，廖锡麟的第一份工作在北京电力设计院。

1961年，廖锡麟遵照父母亲的要求回到了泰国，当时母亲找到了何香凝和身为侨联会负责人的廖承志。廖锡麟清楚地记得，1978年邓小平访泰国，遵照廖承志的要求来泰国时必见廖公圃，而当时邓小平真的见了廖公圃，当年的合照成了历史意义，1979年邓颖超访问泰国再次见了廖公圃。

漫长的求学道路和崎岖的经历，让廖锡麟热爱华文教育的心更加坚定，2002年，厦门大学的陈汉涛、刘锦庭、罗宗正、廖锡麟、袁开城等8人成立了留中校友会，中国驻泰大使馆全力支持。

中华中学改名为中中学院，起源于1980年成立的中华中学校友会，当时中国开放改革刚刚起步，而泰国的华文教育也逐渐地有所进步，但当时的华文教育却如一盘散沙，各自为王，而后来东盟与中国的关系越来越密切，孔子学院在汉办的推动下把泰国的华文教育办得有声有色。

中中学院经过多年的汉语教育，为泰国提供远程教学课本。目前中中学院有六七百个学生，为社会做出了很大的贡献，中中学院为输送华文教育成绩斐然，为泰华农民银行办华文班，为中国银行办泰语班，受到泰华社会的高度赞扬。

展望未来：东盟与中国的关系

"现在在亚洲，做生意肯定要和中国人做，学中文很重要。"廖锡麟道，他在中美两国都受过高等教育，但至今为止，廖锡麟最推崇的还是中国传统的儒家思想。他认为懂得中华文化的年轻人是有优势的，不仅仅是做生意的语言沟通，中华文化的博大精深对一个人是有深远影响的。所以，在经商之余，廖锡麟用很大精力传播中华文化和兴办中文教育。

廖锡麟曾回忆，在20世纪五六十年代，由于东南亚排华思潮泛起，很多中文学校都被关闭，中文传播在泰国中断了数十年，他的两个儿子和女儿的汉语，全靠太太姜恩涓在家教，以至于"水平很一般，只会讲不会写"。不过好在近年来，泰国政府开始支持中文教育。

泰国王室设立了泰国皇家卫星教育电视台，并特意在英、法、德、日文之后加入了中文。电视台决定编写一套汉语教材，并邀请北京语言大学汉语专家杜厚文教授到泰国编写。这项工作被交给泰国中华总商会，廖锡麟被任命为汉语教材编审委员会主席，负责帮助杜厚文审编，并将教材翻译成泰文，审查是否符合泰国国情。

接下这项工作后，廖锡麟尽心尽力。在4年的时间里，他在百忙之中抽出大量时间和编审委员们，与杜厚文一起撰写了11本书，包括6本教程、3本教师手册和两本练习册。这套中文学习教材，被泰国教育界评价为"泰国有史以来最完善的中文教材"。多年来，这套教材逐渐在泰国推广开来，让无数学生学会了中文，了解了中华文化。

廖锡麟为了进一步推广中文教育，兴办了中中学院——泰国中华总商会中中学院，主要面向泰国人和华人子弟教授中文课程。在商会中，有中文根基背景的廖锡麟被选为学院院长。学院从2006年招生，规模从开始的几个学生，发展至如今的几百个学生。学生当中，既有华人子弟，也有泰国本地人，还有洋人。

随着学校规模的扩大，廖锡麟想到，不能让学生只是补习中文，还应当让他们在今后有进一步的发展，这就要求中中学院与一所大学"接轨"，为其培养人才。他很快想到了泰国的华侨崇圣大学，这所由泰国京华银行创始人郑午楼先生创办的学校，设有中文、中医、中国历史、商务等院系。1990年大学成立时，廖锡麟家族亦捐款1000万泰铢以示支持。"我想和这所大学挂钩，中中学院帮助它培养生源，相当于成为大学的语言学校，这样学习中文的人会更多。"

至今，时年80岁的廖锡麟对推广中文依然会亲力亲为，做这些事，他的想法很简单，"就是希望可以在泰国把中文教育做起来。"廖锡麟说，他的最大理想是开一个以教授中文、传播中华文化为主的国际学校，面向整个泰国社会，而不仅仅是华人。他会把自己的毕生精力都花在上面。因为在他看来，"做好中文教育，是件'双赢'的事"。

汉语推广，义不容辞

——记中华语言学院李自珉

泰国中华语言学院已开办了13年，总共收纳和流转的学生人数在8000左右，其中一部分继续到中国留学深造，因此，中华语言学院院长李自珉被泰华界称为"资深华文教育家"，而李自珉自称在异乡进行华文教育是义不容辞的。

走进泰国

祖籍在中国湖南省长沙县的李自珉，是从北京大学东方语言文学系泰语专业毕业的，从过往接触到的大量泰文书报杂志中，了解到泰国人民笃信佛教、人心善良、民风淳朴、国泰民安，便向往奔向那自由、和谐与宁静的国度。终于于1984年在一个机缘巧合的情况下，来到了泰国。

中华语言学院已开办了13年，总共收纳和流转的学生人数在8000左右，其中继续到中国留学深造，已确知的约有40名。目前学校在读人数保持在100～140名。

近年来，由于中国政府对泰国的华文教育投入了较大较多的软、硬件设施，体制内学校的条件大大改善和完善，"语言中心"这种小课堂的生源逐渐减少，但如果能坚持课堂教学的质量，坚持"因人施教"的原则，仍然会吸引一些不满足大课堂教学效果的孩子前来补习。

学习汉语的同时，也让他们了解一些中华文化，这对他们亲近中国很有作用。正如习近平主席所说"文化是精神的载体"，有了文化和语言的沟通，不同民族的感情自然就相互了解和亲近。

编写华文教科书

在泰国 13 年，再结合教学实际经验，针对泰国学生的特点，李自珉编写了一些比较适合泰国本土学生的汉字练习册、HSK 考试必读等华文教材书。比如以《汉语高速路》《快速学习汉语》为代表的华文教材，是一套本土汉语基础教材，共三本。这套书以生活会话为主，强调听说训练，避开繁难语法，快速进入听说轨道，而且课文中人物及环境都带有本土特色，使学生感到熟悉而亲切，受到广泛欢迎。

除了汉语课本，李自珉还编写《汉字练习册》。这是一本中泰文对照，简要介绍汉字笔画名称、书写规则、汉字结构、偏旁部首的练习册，图文并茂，条理清晰，不失为一本比较适合泰人练写汉字的基础教材。

此外，李自珉专为下列人士编写了《泰国汉语高考必读》：
备考 HSK（汉语水平测试）的学生；备考 PAT（泰国汉语高考）的学生；以泰语为母语，正在学习初、中级汉语的大中学生们；以泰语为母语、有志学好汉语的人们；初入行的汉语志愿者教师和刚走上汉语教学岗位、从事汉语教学的教师们。

这本书主要将汉语拼音部分的要点做了简明归纳，对汉语句法、语法中主要名称、作用及所处位置做了扼要介绍，对学生普遍、经常容易混淆的量词、近义词、多义词做了简明的解释和界定，从汉语语法和句法的角度，以泰国学生常出现状况的实例出发，对汉语中的一些复杂句式做了详尽的图解，结合 HSK 及 PAT 考卷中的某些试题，采取针对性的讲解。因此，在 2015 年 5 月诗丽吉书展中，该书非常受特定读者群欢迎。

几十年间，祖国发生了翻天覆地的变化。在习惯泰国生活的李自珉的眼中，中国始终把泰国看成是自己的友好邻邦，把泰国人民看成是自己的好兄弟。过去是这样，将来也会是这样。正如李自珉所言：作为一位泰籍华人，一位经历世事磨炼而有所成长的人，此刻，既感恩我的祖居国用她那丰厚的文化培育我成长，也感恩我的侨居国，用那宽厚仁泽之心，接受我安居。以同样感恩之情，站在泰国"中华语文学院"之平台，为泰中文化教育交流做出不懈的贡献，是我的本心。

华文教育在泰国

泰国华文教育的历史

　　研究泰国汉语教育的现状、问题和对策，首先需要对泰国汉语教育的历史有所了解。作为中国的重要邻国，在泰国进行汉语教育已经有相当长的历史。非正式的华文教育，大概从中国移民开始迁徙到泰国生活，就已经慢慢出现，但是因为没有官方的认定和系统的教育模式，那时候的华文教育还不成体系。

　　事实上，随着在泰国居住的中国南部移民数量的增多，尤其是随着他们的生活水平、社会地位的提高，加上泰国社会开放度增加、经济不断提升、社会更趋文明，华文教育在泰国慢慢受到越来越高的重视，也受到越来越多的关注。首先，是中国移民对子女的华文教育。对子女的教育方式，大多停留在家庭教育上，或者找华文教师到家中授课，因为缺少专业的教育机构，当时的华文教育水平相对较低，教育方法和模式也相对落后与单调。最初的华文教育，同时局限于传统的珠算和简单的华文交流、记账等内容，显然与当今的华文教育相差甚远。

大概在 1910 年，泰国曼谷开始设立了几家汉语教育学校，这几所学校包括：新民学校、进德学校和育民学校等。在其后的大约十年内，有数据统计，大大小小的汉语学校有接近 30 所。但是，这些学校大多还是华侨设立。

华文教育在泰国真正开始起航，形成一定的规模，是在 20 世纪 30 年代，当时华文学校多达 300 多所。可惜，这样的发展势头并没有持续多久，基于泰国当地的政策制约，华文教育受到了一定的打击和挫折。在 20 世纪 30 年代后期一直到 20 世纪 70 年代，泰国政府对华政策一直较为冷淡，加上该国为了防止国内出现汉化倾向，防止本土民族被汉族同化的政策较为强势，导致华文教育难以获得发展空间，其间华文教育学校一度缩减到只剩下一所，华文教育的师资力量也大大减弱。

这种窘境一直延续到 20 世纪 80 年代，在 80 年代中期，泰国的华文教育逐渐走向"复苏"的道路。到 20 世纪 90 年代，随着国际形势的深刻变化，尤其是中国国际地位的与日俱增，中国与东南亚国家全面经贸合作的开展为两地民众带来诸多实惠，在这样的背景下，泰国对华政策有了较大改观，国内民众和政治势力对华文教育有了重新的认识和定位，华文教育人才数量不断增加，华文教育学校数量也相应增加。时至 1992 年，泰国政府正式批准泰国学校从小学阶段到大学阶段都可以开设汉语课程，各校有权自主选择教材，并有权自主聘请汉语教师。到了 1998 年，随着泰国政府正式同意汉语作为大学统一考试的外语科目，华文教育的地位再次提升。

华文教育在泰国地位的提升，实际上一直在延续。据权威统计，在 2009 年底，全泰国已经有 44 所公立和私立高校设立了汉语专业，而中国主导的孔子学院在泰国的建立，更是标志着华文教育在泰国的新的历史纪元的开始。

泰国汉语教育的现状

自 20 世纪 90 年代以来，泰国的汉语教育呈现出较为良好的发展态势，出现这种现象的原因是多元的，包括国际形势的变化、中国的崛起、中国与东南亚之间的合作加深、中泰两国全方位的文化交流等。目前而言，泰国的汉语教育现状可从以下两个方面阐述：

（一）泰国中小学的汉语教育现状

如今，在泰国各地，为数众多的中小学都相继开设了汉语课程，包括必修课和选修课。开设课程的学校，相互之间也不相同，开设的课程、年级也比较灵活，也就是说没有硬性的规定，都根据各自学校的情况自行决定。这种灵活性和自主性，主要体现在，有一部分学校将汉语课程的开设放在初小阶段，有的学校放在高小阶段，有的学校放在初中。但是，有些学校干脆将汉语教育安排到整个小学或者初中学习阶段。汉语教学的时限较长，实际上，无论在哪一个学习阶段开始设置汉语课程，都能体现出汉语教育在泰国的受重视程度正在逐渐提高。当前，泰国汉语教育，在中小学阶段，课程设置虽然灵活自主，但是相同年级的课程设计都强调相似的内容，围绕着相似的重点。比如说，各学校在开始的课程上往往强调要重点学习和讲授诸如拼音读写课程、汉字的书写练习、基础汉语听力、简单的汉语作文写作等。在这样的基础上，各个学校也会创造性地设计一些新的课程，或者举办一些有关汉语教学的活动，这样能够增加中小学阶段，汉语教学的多样性和丰富性。在泰国的中小学中，就汉语教学而言，比较有特色的是培英学校，该校是六年制的学校，该校增开的两门外语，其中之一就是汉语，在汉语教学中，教材选择新加坡的教材，除了学习基础的课程之外，培英学校的学生还可以学习中国的书法，学习使用中国字典甚至中国的围棋、象棋等。

（二）泰国大学的汉语教育现状

目前而言，泰国大学阶段的汉语教育也呈现出蓬勃发展的势头。虽然，不同的大学，在影响力、知名度上有所差异，在课程设置、教学内容、师资队伍建设、招生情况上有所不同，但是对汉语教育的重视程度却不低。具体表现在以下几个方面：

首先，泰国公立大学和私立大学中都出现了开办汉语教育的例子，如法政大学、艺术大学等大学开设了汉语专业，如商业大学、华侨崇圣大学等开设了商业汉语专业，另有部分学校开设了汉语选修课。其次，部分高校在开设汉语相关课程的同时，注重培育学生的汉语综合能力和素质。比如学习中国的历史、地理和文学，增加对传统文化的认知，提升学生汉语的读、写、说等方面能力。再次，泰国开设汉语相关课程的高校，一般都配备了汉语教师，个别实力突出的高校，甚至公开招聘汉语教师，或者从中国大陆招聘专业化的汉语教师。当然，一般的开设汉语课程的高校，这些汉语教师不一定都是中国人，在汉语素质上不一定很高。最后，泰国当前接受汉语教育的大学生，很多都经过了高考，所以有一定的基础，这也在一定程度上保证了生源的质量，提高了汉语课程教授的有效性。

存在的问题

实际上，虽然泰国的汉语教育开展得如火如荼，但是仍旧存在诸多问题。具体而言：

首先，汉语教育管理相对落后，虽然泰国在推进汉语教育方面取得了进展，并且初步形成了幼教、中小学和高等教育阶段的汉语教学的全覆盖，但是在各个学校中，汉语教学的管理无序、考核弱化等现象依旧存在，且较为突出，这与汉语在多数泰国人心里，属于"潜在同化危险的外语"息息相关；其次，汉语教学的方式方法落后，泰国汉语教学方面，存在诸多制约因素，因为从幼儿阶段、中小学阶段和高等教育阶段，不同学校的学生接受的汉语教育的水平不同，导致学生接受能力和学习基础参差不齐，在这种背景下，各个学校在具体的教学策略和教学内容上难以统一，也难以建立系统化的、长效性的汉语教学模式，基于这样的原因，泰国学校的汉语教育从实质性讲，较为落后；再次，师资队伍建设落后，泰国开设汉语教育的学校，在师资队伍建设方面普遍存在投入少、重视程度低等弊端，在某些学校，汉语教师的选聘甚至会找一些泰国人，这些人自身的汉语素质并不强，导致整个师资队伍建设滞后；最后，教材的适用性差，泰国汉语教材从新加坡、中国等国家引进，这些教材大多相对陈旧，跟不上当前汉语发展的趋势和潮流。

解决的途径

针对当前泰国汉语教育存在的问题，有针对性地给出建议和

对策，以便规范和提升泰国的汉语教育。

首先，泰国部分有条件的府，应该建立专业化的教育组织，规范地方学校的汉语教学管理秩序，形成系统有效的考核机制和科研机制，促进汉语教学走向成熟；其次，要不断丰富汉语教学的内容，加强对学生汉语基础能力的培养，通过制定切实可行的专业培养方案和学习计划，引导学生养成正确的汉语学习方法和理念，改善教育教学过程中存在的不当之处；再次，要强化师资队伍建设，一方面通过设置专业测试和资格测评，提高新入职汉语教师的自身素质和准入门槛，另一方面要对现有的各个学校的汉语教师进行系统化的技能培训，有条件的地方和学校可以加强与中国、新加坡等的全面合作，促进彼此汉语教师人才的互动交流，并将这种队伍建设，渗透到汉语教学的实践中；最后，要对不同年级的汉语相关教材，进行重新选择、审定和规划，力争建立起一套与时俱进且贴近泰国学生实际情况的优秀教材读物。

总之，在不久的未来，随着中泰两国文化交流的继续加深，汉语在泰国的"学习热"仍将继续。在提高汉语教学的覆盖面的同时，更重要的是切合实际，提升汉语教学的"质"。

广西大学中国－东盟研究院

泰华文学

中华文化是海内外中华儿女共同的魂

——记泰国青年商会会长李桂雄

李桂雄1963年出生，祖籍广东潮阳县，中国大陆改革开放后，李桂雄选择了海外发展的道路，来到了美丽的南洋佛邦——泰国，现荣任中国和平统一促进会理事、中华海外联谊会理事、中国侨联委员、中国广东省政协特聘委员，以及全国各省、市侨联、海联会、海交会、青联等的名誉主席、名誉会长等职务。

与泰国之缘

泰国是一个风景秀丽、物产丰富、人民善良的国度，更是世界上华侨最多的国家之一，从20世纪80年代起，经济蓬勃发展，欣欣向荣。李桂雄17岁来到泰国，投奔在泰经营宝石生意的亲叔叔，要求严格的叔叔将他送进寺庙读书，他便如小沙弥般进入了国立学府攻读泰文、锻炼身体、修养品德，用最快的速度融入泰国社会中，并接受较为完整系统的泰国教育，这使李桂雄在后来的社会生活中，发挥其优秀的组织能力和经营才华。20岁刚过的李桂雄来到了叔父的"朝日珠宝公司"任主要职务，同时学习珠宝知识和评鉴，在叔叔的言传身教下，桂雄进步神速；为了和客户交流沟通更为顺畅，他下功夫猛学日语、英语，成了曼谷素里翁路上珠宝行业中小有名气的后起之秀。

广结善缘的个性

随着事业的发展，业务的繁忙，李桂雄喜欢四处交友，广结善缘的个性始终未曾改变，喜欢帮人排忧解难，使他成为潮阳小同乡中的名人。由于家庭中传统的中华文化教育，李桂雄的华语讲得相当标准；再加上他喜欢中华的古老文化，不论何时何地，都以中国人自居，也因此他特别喜欢结交来泰的中国朋友。就是这个原因，李桂雄成为第一个到中国河南省投资珠宝店做生意的外国人，并被中国河南省对外经济贸易合作厅聘为顾问，从此李桂雄开始往返泰中两国，从事珠宝和贸易生意。

事业成就

十多年过去，李桂雄先生家族掌控的环球集团稳步前进，发展成为具有集团性规模、跨多行业的泰国知名企业，有泰国环球集团、泰国环球贸易行、泰国环球珠宝首饰股份有限公司、泰国环球置业有限公司、泰国环球再循环资源有限公司、深圳鹏城康辉传媒有限公司、深圳高科德通讯数码广场等，业务覆盖珠宝、化工、文具、文化传媒等，属下永泰珠宝行、永恒珠宝行客户遍天下，成为珠宝行业中的佼佼者。生产、供销一条龙的优质熊猫牌文具产品，畅销全泰国，受到曼谷及内地各府中小学生的喜爱，营业额逐年上升，创下稳固可观的利润。

2005年12月，李桂雄先生在中国中央电视台的支持下，与央视合作投资，成立了泰国中文电视台并出任董事长，他从一个珠宝商人跨越进入文化商人的领域。为传播中华文化，为让泰国乃至东南亚各国人民了解中国、认识中国，泰国中文电视台在李桂雄董事长的领导主持下，在南洋土地上盛开了美丽的文化鲜花。

创业和青年华人社团组织

在20世纪八九十年代，李桂雄和其他的旅泰青年华人一样，埋首于工作的打拼，处于寻求事业发展阶段。但他们发现，虽然泰国华侨社团很多，但几乎没有青年组织，甚至连青年组都没有；同时由于历史原因，泰国曾经禁止华文教育多年，使华侨第二代、第三代，基本忘记了华语和中华文化，这使泰中之间的经贸往来关系，因为语言的隔阂，受到了相当的影响。而同时期泰中之间的小额贸易几乎都是由中国新移民完成的。这些新移民在事业上取得了显著的成就之后，他们都迫切需要在社会上发出自己的声音，希望为社会贡献出自己的力量。有鉴于此，2000年，李桂雄与多位热血青年决定成立"泰国华人青年商会"，经过几个月的紧张筹备，在7月1日，泰中建交纪念日的同一天，在几十位华人青年的参与和见证下，一个代表青年华人、新华侨、新移民的社团组织，在泰国曼谷诞生了。这也是亚洲第一个青年华人社团组织，李桂雄众望所归，出任创会会长。

社团的工作是服务社会、服务大众的工作，事情千头万绪。创会之初，会员遇到法律问题，希望商会协助，遇到生活麻烦，需要商会帮忙。商会需要经费支持，商会要登记注册，商会要设立办事机构，商会要发展壮大，每一件都是重要和必需的。社团的生命在于活动，活动出色，就吸引了社会的注意，提高了社团的知名度，也就吸引了更多的新会员加入，商会也就获得志同道合者的捐款与资助。目的明确后，李桂雄与他的伙伴们开始将"泰国华人青年商会"的活动办得红红火火。2005年隆重举办有千人参与的"泰国华人青年商会建会五周年庆典"，2008年与泰国潮州会馆、国际潮青联合会联合主办有2000多位来自世界各地潮籍青年精英参加的"第五届国际潮青联谊年会"，获得巨大成功，大大提高了商会的名望；商会举办的友谊比赛、高尔夫球赛、羽毛球赛、乒乓球赛、保龄球赛等拉近了与其他社团、单位的感情；协助中国地方政府在泰举办招商会、洽谈会、商展，密切了商会和中国各地的经贸往来；多次举办中国著名歌唱家李谷一、宋祖英等来泰演出，丰富了泰国华人文化生活；向华文教育慈善机构捐款，在泰国倡导传播中华悠久文化。逐渐地，泰国华人青年商会成为泰国一支充满活力的青年队伍，向泰国各华人社团培养输送青年接班人才。

个人魅力

李桂雄有个最大的特点：谦虚礼貌、宽厚待人。当听到有人说坏话，他坦然待之，不在心里记仇；对泰华各界人士、老侨领老前辈，他总是予以尊重。李桂雄和泰国军警关系也很熟，常有华侨华人做生意、办事情和警察发生冲突，被抓进警署，他都被请去帮助解围。久而久之，曼谷的华人圈中就流传开了：警察方面出了麻烦，去找李桂雄！由于常常用自身的真诚和努力化干戈为玉帛，他的好品格、热心肠和处理问题的水平，赢得了泰华各界的肯定。

对"中泰友好"的贡献

为了促进祖国海峡两岸的和平统一，李桂雄 2003 年参与成立了"泰国中国和平统一促进会"，并出任副会长兼秘书长，在任何时间他都不遗余力地宣传祖国统一政策，立场分明，坚决反对"台独"。由于李桂雄先生的文化渊源及长期以来为泰中两国友好往来、经贸合作做出的杰出贡献，他先后被委任为泰国国务院副总理顾问、国防部长顾问、泰中友好协会顾问等。现任泰国内政部副部长顾问、"泰国中国和平统一促进会"副会长兼秘书长、泰国中华总商会常委、国际潮青联合会副理事长等职务。为推动青商会与世界各地社团的友好关系和合作，他时常亲赴世界各地参加全球性华侨华人大会，交流海外社团经验。也积极参与泰国红十字会，泰国孤儿院、养老院等慈善活动的捐款。频繁的社会活动，使他博得了"泰华社会活动家"和"泰中友好使者"的美名，并得到中国政府的重视，现荣任中国和平统一促进会理事、中华海外联谊会理事、中国侨联委员、中国广东省政协特聘委员，以及全国各省、市侨联、海联会、海交会、青联等的名誉主席、名誉会长等职务。

在泰国开拓华语媒体

——访亚洲大众传媒有限公司董事长郭蕊

大家都在休息的周末，她却牺牲了宝贵的休息时间，窝在她的办公室里处理文件、接受采访。

美丽温柔，淡淡的微笑，使人觉得这个周末特别的惬意，她就是亚洲大众传媒有限公司董事长郭蕊。

她那不凡的童年便在缓缓的谈话中开始。

郭　蕊

与泰国结缘

1982 年，四岁的郭蕊跟随父母来到了泰国，父母开始经营泰国第一家西洋弦乐专卖店，她在泰国上一二年级的泰文课，后来父亲担心郭蕊的汉语基础不好，毅然把她送回到她出生的地方——首都北京。又过了几年，初三即将毕业的她再次来到了曼谷，这次，父母是铁定了心要在泰国扎根住下。为了能够有良好的泰语基础，郭蕊跟着录音带学了一年多的泰文，然后进了泰皇机构管辖下的泰文学校。20世纪90年代初中国正处于开放时期，各行各业处于发展阶段，而当时某些泰国人喜欢用异样的眼光看中国人。郭蕊决定奋发努力学好泰文，希望能改变泰国老师对中国人的看法。就这样，正规的泰国学校教育为她打下了良好的泰文基础，初中毕业后她转校进了泰国一所女子名校，继续完成高中学业。中泰两国的求学经历，使郭蕊能够熟练地运用泰语和中文，同时也对两国文化有了更深刻的体会。由于勤奋努力，刚上高二的郭蕊便当上了学生会主席，高考时学习成绩名列前茅，获特招名额上了泰国农业大学艺术表演系，成为泰文报纸泰叻的头条新闻。郭蕊在大学里主修西洋钢琴，当时她是泰国著名的钢琴家彼耶翁·瑟里翁纳阿育他亚亲王的关门弟子。大学毕业后她在农业大学、商业大学当了三年的大学讲师，同时还管理着家族企业——泰国知名乐器行。

走进传媒

生长在泰国的郭蕊从小就特别渴望能够在泰国收看中文电视台或收听到中文广播，能够随时得知祖国的一切，基于这份渴望，幼年的郭蕊心中萌生了成为中文媒体人的梦想。

一次她在为乐器行发布招聘启事时，在招聘网站看到泰国中文电视台招聘中文主播兼记者。泰国中文电视台是泰国首家中文电视台，当郭蕊看到这个广告时怦然心动，特别开心，面试后马上被录取，她要求每周工作两天半。进入泰国中文电视台工作后，她才发现整个电视台只有她一个人同时熟悉中、泰文，还必须自己写新闻，报道新闻，做剪辑工作，当时的中文电视台经营困难，满怀希望的郭蕊不想失去当时唯一的中文电视台，她希望通过自己的微薄之力，能够在泰国传播中国文化，一如她妈妈说的：把工作当作了自己的企业来经营。就这样郭蕊从记者、主持人到管理层，再到台长，她一直都在辛勤付出，默默地坚持着自己的梦想。

好景不长，由于经营问题，郭蕊还是离开了电视台，当时的她心灰意冷，继续帮家里经营乐器行。后来又有一家中文电视台找到了郭蕊，请她出山，就这样郭蕊再次与中文电视台结缘。回到了她熟悉的行业，并且还出钱出力投资经营，因为中文电视台的落地发射以及节目制作，加上投资商的不同目的和态度，使郭蕊感觉举步维艰，深思熟虑后，郭蕊辞去了泰国国际中文电视台台长的职务。

创办曼谷杂志

离开泰国国际中文电视台后，郭蕊希望凭借自己的力量，办一个"独立、有尊严、诚实"的中文媒体，同时她也意识到，在泰国，中文媒体根本是无人问津，该怎么服务新华侨，甚至能够让每年几百万的中国游客了解泰国呢？郭蕊和她的团队用了半年的时间琢磨这个问题。

近几年中国在经济、文化和科技方面日益强盛，高铁等新科技的崛起让世界各国另眼相待，中国人外出旅游的机会也越来越多，放眼作为旅游国家的泰国，却没有一份适合现代社会的咨询杂志。其实，泰国的免费外媒杂志有几家，比如日文有十家以上，英文有两三家，法文有一两家，泰文有四五家，唯独没有中文。于是，为了服务社会，《曼谷杂志》半月刊就这样面世了，第一期印刷 3 万册，在泰华社会甚至整个泰国掀起了一股新的热潮，用郭蕊的话来说：这是一份没有纸媒经验者的第一份作品。在郭蕊的带领下，《曼谷杂志》在短时间内创造了泰国的 N 个第一：泰国第一本全中文旅游生活资讯免费杂志、第一本泰国旅游局推荐的中文杂志、泰国唯一一本和机场全面合作的中文杂志……《曼谷杂志》和亚洲大众传媒有限公司总经理、《曼谷杂志》社长郭蕊就这样走进了泰国人的眼球中。到目前为止，郭蕊已成为泰国最著名、最具影响力的华语媒体人之一，她曾作为唯一中文媒体代表随泰国总理访华。现在，《曼谷杂志》的印刷量是 5.6 万册，与泰航及中国九大国际机场签署了合作，如北京、上海、广州、成都、山东等机场值机柜台都有曼谷杂志摆放着，成为第一份在中国实行发刊的海外刊物。此外，泰国各大商场、移民局、使馆签证处、酒店等 1000 多个点，还有 550 多家 7-11 便利店、400 多家四至五星级酒店、大学校园等都能看到《曼谷杂志》。

"关于目前的发行量，每一次的增加量都经过了精确计算。市场的需要吧，客户的反映都不错，作为第一本免费咨询中文杂志，被关注并且被接受，让我感到走过来的辛苦都是值得的。"郭蕊满怀信心。

年轻的团队，实现年轻的梦想

"《曼谷杂志》的工作团队都是当年在中文电视台跟随我打

拼的人，他们是新华侨的精英，经过了十多年打滚历练，大家都有一颗梦想的心，这绝对是好事。其实《曼谷杂志》的工作量很大，大家几乎用了双倍的时间和努力工作才能够有今天的成绩。说实在的，曼谷杂志的工作团队比较年轻化，进进出出，有当地的中国留学生，有泰国大学毕业生，还有少数从中国应聘来泰国工作的中国人，但可以说曼谷杂志是历练工作的平台，比如说一个人一天要跑五家菜馆，要品尝美食，还要撰写美食文章，得花多少精力和时间啊。八个月后他们几乎都会来几句唠叨：能不能换其他人啊？但是埋怨归埋怨，团队的工作效率还是蛮高的。

又懂得中国文化，又理解泰国语言和文化，工作好又能干的人才能够留下。目前我能做到的就是完善这份华文媒体在泰国的影响力，而所谓泰国的影响力是指真正的能够让泰国的主流社会看到华人群体的能力，并能够看重华人群体所发出的声音，同时也向华人传递真正的泰国。我个人觉得真正的社会不是指看到某个侨社某个人，而是整个社会。

"与电视媒体不同的是，纸质媒体更实在，它能够直接到达读者的手上，让读者通过杂志的内容，真真正正地读取杂志上的内容。"郭蕊介绍，《曼谷杂志》主要介绍泰国的吃住行、游购娱，专访中泰两国的风云人物，报道两国之间发生的一些社会民生新闻等。它面向的主要群体是赴泰旅游的中国人、在泰华人、华裔等中文使用者。

《曼谷杂志》不仅仅寄托着郭蕊一个人的梦想，还有一整个团队的梦想。他们的梦想一致，前进方向也一致，他们通过团队集合，把长期以来所积累的人脉关系、知识理念、创意灵感全部集结，每个人都想为杂志贡献出最大的力量。

在创刊初期，发行渠道与宣传都非常重要，郭蕊和她的团队为了不放过任何一个宣传的机会，放弃了所有的节假日，因为别人的节假日，正是《曼谷杂志》宣传的好时机，为了杂志，他们的辛勤付出已不能简单地用"努力"来形容，而堪称是一种拼命付出的状态。郭蕊希望通过曼谷杂志，能够在泰国传播中国文化、第一时间报道中国的最新动态，让在泰国的华人、华裔能够近距离、第一时间了解到中国的变化。

互联网搭建中泰文化的桥梁

2015年2月，泰国亚洲大众传媒有限公司荣获新浪微博独家代理授权书，在泰国负责新浪微博的推广宣传、高级应用服务合

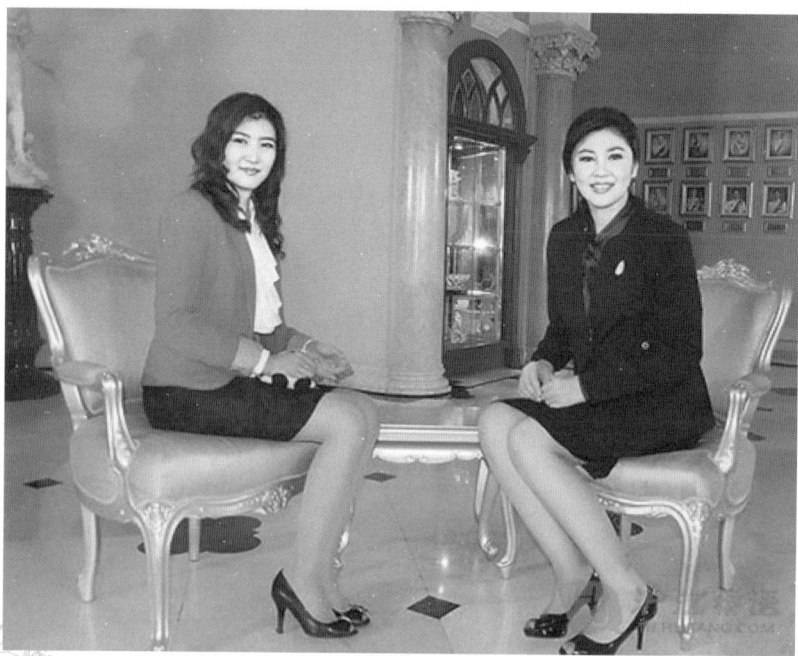

郭蕊（左）与英拉总理

作、名人和企业账户 V 认证以及其他客户服务业务。郭蕊希望通过这个具有战略性的合作，能够帮助在泰的华人和泰国人熟练地运用微博这个工具，让更多的中国人来认识泰国，宣传泰国，看到一个更真实的泰国，关于泰国的最新动态能够更直接、精准地抵达每个人的手上。微博将作为一个高速的信息桥梁，连接起中泰两国之间的友谊。

在高端新科技时代中，泰国亚洲大众集团打造泰国史上首个华文新闻 SMS 短信平台，AIS、DTAC、TRUEMOVE 三大电讯公司 8 月 18 日同时震撼推出！时政、财经、社会、娱乐、生活、华人、消费，七大板块的泰国重要新闻用中文短信发送至读者手机，每天仅需 1.6 铢，手机编辑短信 "R"，发送至 4764433 即可订阅。

此外，在去年黄衫军红衫军闹得不可开交的时候，曼谷杂志还增加了泰国头条新闻，联合泰国旅游局全国 77 个府的分局设立了 "泰国依旧美丽" 特栏，把旅游景点的现场照片、旅行路线等第一时间向中国游客提供了第一热门新闻和在线焦点，巩固了泰国的旅游业，《曼谷杂志》的视焦媒体同时也获得了泰国政府的肯定和赞扬。

去年的军政府政变，《曼谷杂志》冲在最前锋，为全球第一家爆出泰国政府政变的新闻，当时的刷屏速度惊人，让世界了解泰国的局势，同时也稳定了外国游客来泰旅游的心态。

"没办法，当年拼命地学习泰文，还有今天努力把这份杂志做好，我觉得并不是一个梦想那么简单，我既然在泰国住下了，就要好好地爱这个国家，虽然我目前拿的依旧是中国护照，但爱中国爱泰国的心是永恒不变的。"

这是一个媒体人的心声，郭蕊和她的团队将努力寻找更好更适合让《曼谷杂志》走下去的平台。

顺社会需要，开创中泰商界交流平台

——访《东盟商界》总编韩宗渭

　　《东盟商界》中泰文杂志是泰国第一份定期出刊的中泰双语杂志，也是经泰国法律注册，唯一一份以东盟自贸区商业投资贸易商界重大事件为主题的正式出版发行的双语杂志，在泰国各大书店销售并发行至东盟和中国。韩宗渭女士是杂志的执行副社长兼总编辑，也是杂志的创办人之一。

韩宗渭

　　"那时候我们的杂志还刚刚起步，没有做到定期出刊。现在我们每月10日出版。"在约见中，韩宗渭一面说，一面把两本最新的《东盟商界》杂志拿给记者。这一期的封面和封底人物分别是泰国国家妇女院主席丘夏莉和东盟秘书长素林，其中丘夏莉的专访是为了配合"三八"妇女节而做的。

初临泰国与媒介打交道

说到办杂志跟一个人的经历有关，祖籍地武汉洪湖地区的韩宗渭的出国经历更是一番精彩。20世纪90年代初，中国青年向往着出国，出国热在当时风靡得很，从武汉到海南，从海南到深圳，再从香港出版社的工作开始，让韩宗渭积累了不少新闻工作经验，走出国门，看看外面的世界，抱着这样的心态，韩宗渭来到了泰国。当时媒介需要年轻有为的中国大学生，她走进了泰国中华日报经济日报，知识丰富的韩宗渭获得中华日报社长陈纯先生的赏识，在中华日报容纳人才的舞台里发挥自己的专长，获得泰华社会侨社的赞同与认可。两年后韩宗渭走进了中华总商会，负责联络秘书工作，接待中国客户，韩宗渭的工作如鱼得水，一帆风顺。

在最终选择创办这样一份杂志之前，韩宗渭的创业史曾几经波折。曾经营过与朋友合股的展览公司，后来转行做泰国农产品（香米、水果、鲜花）的进出口，之后受到泰中文化经济协会差瓦立·荣知育上将主席、帕·阿卡尼布上将执行主席、陈卓良秘书长的邀请，出任泰中文化经济协会副秘书长，进一步配合他们促进泰中友好经贸文化的交流活动，其中与泰中农业部联合举办泰中农产品经贸交流活动等，参加中国和平统一促进会的活动，在曼谷《华商日报》撰写莳子随笔专栏，后结集出版《莳子随笔》一书。曾在泰国民族电视台主持《汉字宫》汉语教学的节目以及泰国国土电台主持中泰双语的"走进中国"的节目。

后来有机会受到中国国家新闻办邀请，她代表泰中文化经济协会与泰国各大主流媒体泰叻报、民意报、暹罗沙洋报、经理报等一行15人参观访问西藏并做"西藏行"综合报道，后来她参与了泰中语言文化学院的创办、发起、筹建和管理工作……其间饱尝了种种艰辛，也受到过失败的挫折，所有这些工作和努力虽然有所成绩但是却达不到最高的目标，她说，"我感觉我虽然尽力工作，却无法实现自己的目标，更无法贯彻自己的理念，虽全力以赴，结果却未尽如人意"。

又过了两年，在陈正社长（陈纯社长之子，《中华日报》的接班人）的要求下，也为了年轻的媒体梦，韩宗渭再次走进了《中华日报》，为《中华日报》开创第一份简体版的《中华青年报》，为泰华社会及教育界带来了佳音，《中华日报》简体版《教与学专版》顺应而生。

回顾这段时期，她说："在泰国，华商基本是男性，女人大多在背后扮演贤内助的角色。女人发展事业要比男人付出更多的辛苦和牺牲。但也正是那不断变换各种行当的十几年让我近距离了解了泰国社会，接触到华侨和华商圈子，学习到泰国华商的优点和成功之道。最重要的是，丰富的经历让我扩大了视野，形成了自己的观点，这对媒体人是非常重要的。"

思前想后，或是一种机遇巧合，她重拾旧业，在以前与《中华日报》合作《中华青年报》的基础上，她决心创办一份属于自己的报纸和传媒公司。她说："经商不是我真正擅长的，但是经商的经历无疑对我是相当重要的，这也是我要办一份经济杂志的原动力。我很佩服那些天生的企业家游刃有余地在商海沉浮，但对我而言，我在经商的时候只觉得辛苦，感受不到快乐，做一项事业首先要喜欢它，要做得很开心，你才会做得很好，很持久，你不喜欢的事你怎么会做得很好呢？"

创办《东盟经济时报》

女儿上大学后，韩宗渭又到了媒体界——她最能收获快乐和成就感的地方。2004 年她辞去了学校的工作，注册了一份报纸——《东盟经济时报》。"当时我看准了东盟是一个值得关注的新课题、新市场，这个跨国经济组合充满潜力，与中国关系密切，并有很好的商机，而且当时在泰国传媒界还没有人做。"

有意思的是，《东盟经济时报》2006 年才开始以网络报的形式出现，是泰国最早的一份网络报，开创了泰国中文网络报的先例，影响了泰国华文报的市场发展走向。韩宗渭说："我办《东盟经济时报》完全是出于兴趣和赌气不服输。一开始只有我和一个朋友在支撑这个网站，坚持每天更新，报道关于东盟的各种消息，然后推广给朋友看。朋友们在点击进去之后发现有阅读价值，而且每天有更新，于是就一直关注，点击量也就慢慢多起来，现在已经成为一个很有影响力的网站了。"

一坚持就是 5 年。不管多忙，出差多辛苦，回家多晚，韩宗渭都会在闲下来之后第一时间打开电脑，更新她的网站。"我能坚持下来完全是出于兴趣。做这份网络报让我觉得很充实，很开心。几年下来我也积累了丰富的办报经验，对我们后来创办杂志是非常宝贵的。"

2009 年 10 月，在一个泰国经济媒体朋友的邀请下，韩宗渭联合投资伙伴创办了《东盟商界》中泰文杂志。"要打入泰国传媒界并且能站住脚跟真的很难，最初会有轻视，会有排挤，会有冷眼旁观——特别是当你又是一个女人。"韩宗渭说。据悉，《东盟商界》会员们辐射东盟国家。

难以约到采访对象、大型活动收不到邀请、股东"知难而退"

撤资……这些都没有让韩宗渭放弃，而是一步步把步子迈下去：采访难约，就利用各种碰面场合，活动没有邀请就自己去，股东撤了就单干。

路是越走越宽的。目前《东盟商界》在中国云南设立了代表处，在越南有了特约记者，在老挝开拓了发行渠道，并计划把触角伸到更多的东盟国家和中国各省市。"我们设想《东盟商界》将来要从中泰双语变成中英或者其他双语，这样才可以面对更多的东盟国家发行。"韩宗渭说，"我坚信如果我们还没有成功，是因为我们还没有能够做好自己。我们的杂志每一期都在进步，它正在得到认可。看到它一步步成长让我感到很开心，很充实。开心和充实是我坚持走到今天的最大动力。"

《东盟商界》未来发展趋向

媒体是一种工具，它不但展示了时代的发展，也是一种人文与社会相结合的工具。韩宗渭创办湖北商会以后，与《东盟商界》相结合，举办客户活动，比如东盟商界精英颁奖活动，论坛以及媒体公司的互动活动。

目前，中泰文媒体的方向以务实服务为主，商界、商贸资讯等，打造有特点的杂志，比如最近一期，以物流、东盟商界走向、展览、媒体论坛为主要内容，这也是东盟各国需要的社会知识。

韩宗渭认为《东盟商界》适合目前中国的时机，中国领导人领导有方，让海外华人更加关心中国的发展，并促进华人华侨所在国与中国的发展，实现美好的中国梦，那句"华侨是革命的成功之母"的确也成了时代的格言。身为海外华人，甚至是一名中国人的责任和义务，成为新一代华人的代表，以老华侨为榜样，为下一代做好和平工作。

创办杂志，惠中泰人民

——记《泰国风》社长吴小菡

吴小菡

说到泰国华文杂志，《泰国风》杂志是属于有特色的一本，1996年12月份在泰国创刊，2011年正式更名为泰国风传媒文化有限公司。《泰国风》是泰国一本彩色华文杂志，也是目前泰国及东南亚地区最具影响力的华文期刊之一。

《泰国风》杂志以报道泰国和东南亚地区的经贸活动、工商信息、华商生活、旅游风情、生活时尚为主，内容涉及工商、金融、房地产、旅游、娱乐、保健、服装、饮食等多个与人们生活息息相关的领域，是一本融信息性、知识性、趣味性为一体的轻松愉快的综合性杂志。

《泰国风》杂志创办人吴小菡,我们认识多年,对她的了解或多或少,但像今天这样正经八百地访问《泰国风》杂志,还是首次。

吴小菡属于阳光型的女性,五十出头的她,阳光般的笑脸让我觉得好奇,她怎么就没有烦恼?吴小菡,祖籍湖南, 是军人家庭出身的文化工作者,在同龄人当中,她是事业早成的佼佼者。父亲是20世纪50年代初期中国组建青岛海校(北洋水师)的海军,母亲是第一批海军女兵,当时有规定需要18岁以上的人当女兵,母亲很幸运地成了第一批海军女兵。1954年父母亲来到广州,父亲54岁授勋,55岁裁兵,母亲成了幼教老师,吴小菡当时寄宿在幼儿培训班。

吴小菡的成长过程受到了父母亲的影响,在广州出生的吴小菡就读于湛江函授班,然后转电大中文系,她清楚地记得她的毕业论文就是描写军营生活,点评军旅小说,毕业生有四五百人,她的成绩排在第三四名,她写的点评军旅小说成了电大的范文,至今保存着,也成了吴小菡一生引以为荣的作品。1983年吴小菡考上了湛江党报,续读广播电视学院,21岁的她因为有良好的文学基础,常为总司令写书信等。吴小菡开玩笑地说,当年的001号是幸运数字,编号001的她考上了广东电视台。

吴小菡是有个性的女人,21岁的她考上了第一届编播主持人,但遭到父母亲的反对,再后来她以第三名的成绩考上了湛江日报。在媒介新闻界工作了几年,20世纪90年代初的出国热感染着很多中国青年,吴小菡也不例外,从欧洲旅游转至泰国,风景优美的旅游国家泰国让吴小菡迷恋。1994年,她再次来到泰国,在泰国旅游杂志公司打工,不到半年,她决定成立属于自己的公司,就这样 1995 年她开始做杂志。在泰国申请就可以办杂志，当时吴小菡与餐饮公司的老板合办"食在泰国"，不久遇到了金融风暴，前途不佳，改为综合性杂志，以新闻为主。一次偶然的机会，在采访洲镇荣的石头馆中，形状不一的石头带给她震撼，在与几位老记者的聊天中心动，而把"泰国风情"杂志改为"泰国风"。

《泰国风》杂志

目前《泰国风》已走过了 19 年，在泰国有一定的影响力。它面向泰国及东南亚各国发行，是八家国际航空公司班机读物，并由中国图书进出口总公司代理发行。

《泰国风》杂志抱着为客户服务的宗旨，为企业产品在泰国及东南亚各国开发市场寻找销路；为省市各级政府及企业在泰国举办经贸洽谈、招商引资、展览、新闻发布等各种会议；为企业或个人在泰国及东南亚代理各类广告；为愿意来泰经商、创业、留学的人提供便利。

1999 年在迎接中国领导人访泰时，《泰国风》杂志社编辑出版了纪念特刊《伟大的中国》，得到敬爱的泰国三公主诗琳通殿下亲笔题赠墨宝"泰中友谊，万古长青"。

为向泰中建交 36 周年献礼，并纪念《泰国风》杂志创刊 15

周年，《泰国风》杂志总编辑吴小菡女士2011年4月出版新书《人物春秋——吴小菡人物专访集》，并于5月5日16时在曼谷拉车达城市酒店举办新书发布、点评暨联欢会，盛邀200位嘉宾出席。

《人物春秋》

《人物春秋》共440页，大度32开，是《泰国风》杂志总编辑吴小菡女士旅泰16年，创刊《泰国风》杂志15年来采访了近百位人物而写作的人物专访，从稿件中精选出35篇集结成书，借此向中泰建交35周年献礼。

吴小菡决定出版此书，此书的编辑出版工作一直得到泰华社会诸多人士的关注和支持，中国大使馆管木大使为该书题词，前大使傅学章为该书写序，泰中友好协会功·塔帕朗诗会长（泰国前副总理）为该书题词，前泰国外长西提上将也为该书题词。

在新书出版之际举办了新书发布会暨新书点评会，邀请各界名望人士、挚友亲友欢聚一堂，共襄盛举。发布会主评人诚邀驻泰中国大使馆文化参赞秦裕森主持，朱拉大学孔子学院院长傅增有教授、《汉泰双语月报》执行总编辑谭国安教授分别主评。泰华著名主持人方舫小姐应邀担任整场活动主持人。

有人说吴小菡是孔雀东南飞。文化工作难度大，而在异国他乡从事文化工作难度就更大。但是，由于从小的教育文化影响，让吴小菡明白文化是社会发展的根基，文化是中泰两国友好关系的纽带，所以她坚定不移地要在这个领域拼搏一番，争取做出自己的贡献。她以自己独特的方式，去触摸泰国社会的各个层面，其中有引人注目的阶层和人物，也有低调而鲜为人知的故事。而正是通过对这些不同阶层、不同行业、不同处境的人物的接触，才能真正全面而深入地了解文化因素在社会活动的各个层面，乃至在充实"中泰一家亲"的日常关系当中，所起到的重要作用。

睿智的女人，丰富的人生，这就是我对吴小菡的评价。她目前担任的社会责任太多了，但她留给我的最后一句话却是我最欣赏的：不在乎别人怎么看你评论你，做事问心无愧就行。

传承中华文化，引领新媒体

——记《中华日报》社长陈正

泰国华人大部分祖籍中国广东、福建、海南，也有少数来自中国东北、上海、北京等，主要从事贸易、金属、银行、私人企业等，目前从政官员多数为华裔。此外，泰国有 59 个姓氏宗亲会、九大会馆，有：潮州会馆、客属会馆、广西会馆、台湾会馆、云南会馆、海南会馆、江浙会馆、广肇会馆、福建会馆。

陈　正（右）

泰国华文报纸有六份，计有：《中华日报》《世界日报》《星暹日报》《亚洲日报》《京华中原报》《新中原报》。作为唯一的上市华文报纸，《中华日报》秉承创报人陈纯先生的理念和办报宗旨：公平、公理、和平、及时、赶上时代。《中华日报》创报55年来一直努力地为泰国华人社会、泰国社会报道事实，并宣扬中华文化。

目前《中华日报》已发展成为泰国中华资讯有限公司，也称中华日报集团公司。《中华日报》由已故著名泰华侨领陈纯老先生创办，并由儿子陈正接掌经营。《中华日报》报份销量占所有华文报纸总销量的49.7%，深受泰国华文读者的喜爱。为了贯彻中泰两国人民亲善的宗旨，公司又增办了泰文报纸《佬诗艳日报》。除了经营华泰两种日报外，还创办了关系公司、展览公司及金融、珠宝、房地产、印刷等多家公司，资产已达几百亿泰铢，约合人民币100多亿元。

泰国《中华日报》是泰国历史悠久的华文媒体，于1960年3月16日正式创刊并印发首份报纸。1957年在曼谷购地建报社大楼，成为当时曼谷唯一有自建大楼的华文报社。1970年，《中华日报》率先购置了彩色高速印刷机，每小时印刷报纸3万多份。目前，《中华日报》已由创刊时的两大张，发展到每天出版8大张32版。由传统的手工排版，发展到全部中文打字排版，并采用电动中文植字机，不断更新制版和摄影器材等设备，使业务有了突破性的进展，加快了泰国华文媒体更新换代的步伐，也使得泰国《中华日报》越来越受读者的欢迎，成为泰国发行量最大的中文报纸。

1991年，中华日报有限公司正式在泰国证券交易所挂牌，真正成为全泰华人民的华文媒体，也成为泰国华文报界唯一一家上市交易的华文报企业。《中华日报》所在的石龙军路和三聘街、耀华力路，是曼谷华人最集中的地方。这里华文牌匾随处可见，利用"利、发、盛、旺、顺、兴、福"等吉祥字眼命名的店铺屡见不鲜，具有浓重的中华文化的氛围和印迹。

《中华日报》有七大版，计有：国际新闻、泰国政治新闻、泰国社会新闻、泰华侨社新闻、经济、文化（包括文学副刊）、广告，既融入了泰国社会，又积极地宣传报道泰国华人侨社、教育与文化新闻。虽说当今社会是高科技的现代社会，网络的迅速发展和及时报道对日报的发行有些影响，但《中华日报》面向新时代，勇于创新，2013年创建了中华网，让喜欢浏览网络的读者在第一时间阅读追踪泰国政治新闻、泰华侨社新闻，受到中国驻泰王国大使的赞许。

《中华日报》的办报宗旨之一，就是弘扬和传播中华文化。但是，在中泰建交前，泰国对华文报纸管制很严，对华文教育也控制很严，因此，华人下一代的华文基础很差。中泰建交后，泰国政府对华文教育放宽了。中国自实行改革开放以来，发生了翻天覆地的变化，经济健康、快速、稳定发展，综合国力日益强大。中国的和平发展已经吸引世界的目光，"中国热"正席卷全球，世界各国工商界纷纷抢滩中国的庞大市场。作为第二代华裔的陈正社长，曾经到欧美国家进修，对西方的媒体与管理有一定的经验。

2010年6月21日，《中华日报》举办50周年报庆活动，同时举办了"首届陈纯杯大、中、小学生汉语水平大赛"，活动圆满成功，获得泰华社会的一致好评。泰国相关领导人、澳大利亚华文文学网、中国广东五月诗社、新加坡《赤道风》、印尼棉兰早报、美国文心社、澳门中学诗词会、世界华文微型小说研究会秘书长凌鼎年老师、广东省华侨职业技术学校等纷纷写函恭贺《中华日报》50周年大庆；中国驻泰王国管木大使以及中泰长官、泰华侨领、文化界人士、新华通讯社、中国新闻社泰国分社、中华咨询卫星电视台、泰国电视台第三频道及第十一频道、泰国广播电台等出席了首届陈纯杯汉语水平大赛活动，副刊主编梦凌为大赛活动的总监和执行者，获奖的 20 名学生于 2010 年 10 月到广东省华侨职业技术学校参加为期十天的"体验中华文化活动"。2012 年再次举办了"第二届陈纯杯大、中、小学生汉语水平大赛"，活动圆满成功，获奖学生到天津师范大学参加为期十天的"体验中华文化活动"。

《中华日报》《教与学专版》是泰国六份华文报纸中唯一的简体学生版，每逢星期六出版，有小学、中学、大学与语言中心等学生习作，以及华文老师的教学心得等内容，已经有四年的刊登时间，为学习汉语者提供了阅读的平台，一直深受泰国华文师生的喜爱，并得到中国驻泰王国大使的称赞和高评。

泰国国家报业公会于 2015 年 7 月迎来 18 周年庆，特举办"新法律与泰国媒体未来"专题研讨会。泰国草宪委主席巴翁萨发表题为"新宪法出台后泰国媒体的未来"的专题报告。《中华日报》社长陈正博士出席并参加主题研讨。

国家报业公会主席帕塔拉·堪披塔表示，报业公会作为泰国报业的自律组织，一直以来获得过许多赞誉，也有不少批评的声音。目前正值国家修订新宪法的时刻，势必影响到未来泰国报界乃至整个媒体行业的未来，这期间，公会将会继续努力，做好行业协会应做的工作。

巴翁萨在报告中表示，未来新宪法出台后，有许多条款将跟媒体有关，特别是有关新闻自由。他表示，新闻自由是一个错综复杂的话题，因为新闻自由同时关系到民众其他的自由，如个人自由表达的权利，民众新闻知情权、人权等。特别是随着新科技的发展，社会化媒体在人类生活中扮演着越来越重要的作用。自媒体传播的速度、内容，都已经跟过去传统的公众媒体大相径庭，因此，如何维持新闻的专业性、权威性，又保障个人言论自由，是全世界都面临的问题。

新的泰国宪法，主要有三点与媒体、个人息息相关：其一，民众、媒体的新闻知情权，新宪法第48条中规定，新闻的撰写、发布，必须要全面，兼顾相关各方的立场，做到中立。其二，在维护新闻自由的同时必须承担相应的责任。维护新闻自由方面，宪法规定媒体不受政府干涉，禁止政治人物对媒体持股，规定政府及国有单位向媒体购买广告的细则等。其三，媒体改革，包括促进提高媒体及从业人员的自由度，保障媒体经营自由，避免受到来自政府及资本家的干预等。

在研讨环节，陈社长指出，《中华日报》作为具有50多年历史的华文报，经历过许多危机，发展至今，仍然具有活力，并收购了FM101电台等理念相近的公司。随着时代做出改变，目前《中华日报》读者以中老年人为主，针对年轻人市场，《中华日报》建设网站，并通过网站扩大读者群。

陈社长寄语国家报业公会未来加强会员服务，加强媒体行业自律，带领泰国报业继续向前发展。

创办泰国第一本双语月刊

——记汉泰总编辑谭国安

在泰国的6000多万人口中，有华人血统的公民共计1200多万。随着近年来中泰关系不断发展，两国间各方面交流与合作不断加深，中文已经成为泰国人学习的第二大外语。目前在各类学校的课堂学习

谭国安

中文的泰国人有60多万，如果加上自学和单独"拜师学艺"的人，人数可能会超过80万。可喜的是，有识之士，原朱拉隆功大学谭国安教授创办了《汉泰双语月报》，帮助学习中文的泰国人开阔眼界、交流心得、共同进步。

谭国安，祖籍广东新会，1949年在泰国曼谷出生。1977年

本科毕业后，就在泰国宋卡王子大学人文学院汉语专业担任讲师。

谭国安 1981 到香港中文大学修读文学硕士课程（教育学），1983 年毕业。1985 年从宋卡王子大学转到曼谷朱拉隆功大学任教，并先后兼任《星暹日报》特辑部主编、《泰国旅游杂志》主编、泰国王家《国际宗教词典》编委、朱大翻译中心汉泰与泰汉翻译专家。为了把在 2001 年创办的《汉泰双语月报》的工作做得更好，在 2004 年提出退休，但仍担任朱大客座教授一职。

谭国安教授个人的研究方向，着重于对泰中与中泰翻译理论与实务研究、泰国宗教文化研究、中泰文化比较研究。出版图书有《泰国中部——导游专业培训班讲义》《幼儿汉字入门》《学汉语》《汉语五百字》《泰汉导游词典》《泰汉翻译教程》《现代汉语知识八讲》《导游泰国——曼谷》《导游泰国——中部》等 20 多种。

《汉泰双语月报》是目前泰国唯一的一本以简体字并加汉语拼音排版的定期刊物，以介绍中国旅游景点、社会经济、文化习俗、重要新闻等为主。月刊的主旨在于为学汉语的学生和各界人士提供一份适合他们的日常阅读刊物。

如参阅《汉泰双语月报》就可以看到其中词句、字义讲解，汉泰文的中文历史故事，名胜古迹，现代国际间科学建设技术成果，汉语水平考试测试，华文学院科系的介绍，名人作品亮点和戏剧人物高超技艺表演译句的精湛规范，令人叹为观止。

数年来泰国掀起学习汉语热潮，有 1600 家学校开办中文课程，超过 60 万人学习汉语，这喜人的现象对《汉泰双语月报》的发展也有所助益。因为《汉泰双语月报》有汉语拼音学习，汉泰文讲解辅导的好题材，同时对华文教师教学上的辅益也不少，这价值高的文化月报，只委托 SE-ED 书店销售。宜面向学校和语言培训中心发展，增多营销数额。

《汉泰双语月报》创刊于 2002 年，已出版了 100 期，读者多为华文教师、汉语学习者。

谭国安主编的《汉泰双语月报》，一直为华文教育事业的发展努力。《汉泰双语月报》曾多次举办泰中翻译比赛，既有在校学生亦有社会人士，每次成功的比赛都获得社会的赞赏。此外，《汉泰双语月报》与泰国《中华日报》、中华文化教育基金会联合举办两届"陈纯杯全国大中小学生汉语比赛"，参与多届孔子学院举办的华文教育活动，可以说《汉泰双语月报》已经走进了全泰国的校园。

宣传中华文化义不容辞

——访南美书店董事长陈美琪

泰国南美书店位于曼谷繁华地带沙吞路，出售各种中文书籍及文具，从天文地理到文学科普无所不包。

南美书店于 1949 年由中国旅泰华侨陈式金创建，位于泰国

南美书店外景

曼谷华人街上，是泰国最大的一家华文书店，后来因为书店面积小、拥挤，故在沙吞路开办新楼。陈式金（1910—　）系广东汕头人，1928 年移居曼谷，曾做过书店伙计。22 岁时，合资创办南洋书局，自任经理。同图书业感情日深，39 岁时创南美书店，以代销新加坡上海书局的华文小学课本为主要业务。

南美书店新楼位于曼谷 BTS 的 Surasak 站的 1 号出口，下来

就可以看到南美书店。到目前南美书店已经有 66 年的历史，它不仅是一所中文书店，更是泰国华人奋斗成长的一段历史。

南美书店的所有文具都是中马牌，它是泰国文具的一流品牌，也是南美书店自己生产的牌子，目前工厂有 1000 多名工人，生产、批发和出口，是南美书店的主要收入来源。此外，南美书店独家代理泰国一家名牌订书机，已经有 50 多年，与泰国艺术大学签约生产美术颜料，诗琳通公主为南美书店与艺术大学合作的中介人。

在泰国的中文书店生意不是很理想，南美书店作为老字号，屹立在泰华社会甚至全国的文具及书籍市场，确实不容易。从中国进口文具，经营版权产品，从中国大陆、中国香港及新加坡、马来西亚等国进口中文书籍，一楼为文具专卖店，二楼为中文书籍专卖店，目前，图书进口免海关税，所以二楼各类书籍都有。南美书店自己有出版社，在中国买版权，比如中国的四大文学名著，在泰国翻译为泰文再进行销售，不但打开了书籍市场，也在宣传中华文化方面发挥着巨大的作用，让泰国人民了解中国文学巨著，让四大名著走进泰国大学校园。

二楼的中文书籍专卖店，各种书籍五花八门，教育、文学名著、儿童读本、旅游、医学、华文课本、中文教材，一直受到广大泰华人士欢迎，同时也走进了全国的华文学校和开办华文课程的泰文学校。

南美书店的三楼是文化展览厅，主要是画展，记得四年前泰国曼松德皇家大学孔子学院联合天津师范大学在三楼举办中国画展，吸引了无数泰国艺术家前来观展，轰动全国。

四楼则是南美语言学院，已经开办了七八年，共有 11 个班级，以周六周日为主，学生从小朋友到成人都有，一对一教学，或是成人班，目前有 200 多学生。文化课程非常受欢迎，书法和国画课不但让前来学习的人士学了一门知识，还算是陶冶自己的心情和性格。五楼和六楼是货品文具仓库。七楼则是展示厅，每年泰国华文教师工会都会在这里举办华文教师培训，聘请中国名牌大学对外华文教授来泰国对华文教师进行专业培训。

南美书店内景

在八楼的会议厅我终于见到了沙吞南美书店的董事长陈美琪女士，她作为第三代华人，担负着经营南美书店的重任。

陈美琪曾在曼谷广肇学校学中文，小学六年级毕业后到新加坡继续学习，一去就是 7 年，再后来到了日本留学，在美国工作，再后来在日本投资。后来在无法摆脱责任的时候肩负起这份家庭生意。

在陈美琪的记忆中，从小在展示厅看到卡通和文具时特别的喜欢，众多兄弟姐妹中她无法想象有一天她必须接任这份从小就喜欢的职业，她把经营书店作为一种职业，她说这样就会感到轻松，终于在 10 年前她开始接管南美书店，这份家庭企业，让她重新面对和策划，把外国学到的知识和经验全部投在经营上面。

首先是扩大业务，增加出版，开办语言学院，成立陈式金慈善基金会，举办文化与教育比赛，连续举办夏令营文化活动、汉语教师培训、中国图书文化展，让全泰国人民认识南美书店；这三四年来陆陆续续举办中国文化周活动、养生保健座谈会、汉语教育与教材培训，在这短短的10年里，南美书店宣扬中华文化，获得中国驻泰大使馆的支持和称赞。

在电子和手机新时代，书店的经营受到不小打击，为了在困境中寻找新的市场，陈美琪与泰国出版社联手，出版三种语言的儿童文学读本，并与中国广西民族大学，香港、台湾等地出版机构合作，把儿童文学作品翻译为泰文版，销售至全国中小学校；多次举办汉语技能比赛，激发泰国学生学习中文的热情，优秀学生儿童歌曲已经出版了3套。

对于南美书店的未来计划，陈美琪认为东盟的图书市场很大，东盟一体化需要多年的时间才能实现，目前只有把泰国的图书市场做好了再说。

文学才女满腹经

——记泰华作家梦凌

如花的三月，燕子的翅膀越来越长
我在异乡寻找故土的芬芳
请允许我，在天涯燃三炷香
让祖先的灵魂把我背回故乡

梦凌著作

泰国华文作家梦凌的这首《三月，燕归来》在 2015 年中国诗坛引起不少的关注，特别值得一提的是 2015 年 11 月 14—16 日在曼谷诗丽吉国际会议中心举办的"2015 年世界华文文学论坛暨第七届文心作家笔会"，来自全球近 20 个国家的华文作家相聚曼谷，共同探讨世界华文文学创作。这一盛举，不但引起了世界华文文学的关注，还引起了泰国本地媒体报纸的追踪报道。

泰国前锋名报《民意报》在12月底采访了梦凌，起因就是这首《三月，燕归来》被翻译为泰文版，引起了文学人士以及广大读者的关注。一个泰国作家竟然有如此的故乡之情，是来自中国的华文作家还是本地出生的华文作家？这是《民意报》特别采访的主要目的之一。

这位生在泰国却在新加坡和中国留学长大的华文作家，工作经历和人生阅历非凡。

在成长中圆梦

受父亲的影响，家里满柜子的书籍让梦凌沉醉，并梦想着有一天，书柜上摆放的是自己的作品，中文书店里，能摆卖着自己的著作。

梦凌，原名徐育玲，女，泰籍华裔，1971年4月15日生于泰国曼谷吞武里。小时候回中国接受中文教育，读初中时获广东省中学作文《我的家乡》比赛第一名。初中到高中参加校文学社、青年文工团活动，在老师的启蒙下会写作文和散文，在校园已小有名气，学校的广播组时常朗诵着梦凌的作品，这对于梦凌来说是一种鼓励。她的班主任，也是她的文学启蒙老师在梦凌即将回曼谷时送她八个字：凌云壮志，梦想成真。她的老师说：希望再见你的时候，你已经实现了你的梦想。

梦凌的另一个笔名是文君，那是她的爱情梦，司马相如和卓文君的爱情故事影响着她，她曾用这个笔名，但后来知道这个名字已经有人用了，只能放弃。

1991年梦凌当上了一名教师，终于实现了她人生的第一个梦。2000年梦凌的第一个文学梦实现，散文集《织梦的人》出版，而她在生活中也找到了另一半，泰华著名诗人子帆。接下来梦凌的微型小说集《结》出版。对她来说那是动力，是鼓励，她更加勤奋地写作。2005年底，美好的生活以及梦想随着子帆的去世变得支离破碎。生活、家庭、工作、孩子，还有继续上大学和读研，让她备感劳累，庆幸的是文学代替了爱人，每天都要写一写，那样才能安然入睡。

工作中梦凌从小学教师、中学主任荣升为校长，再到大学教师。文学创作亦在沉淀中突飞猛进，她担任《中华日报》副刊主编，负责诗刊及文学版。儿童文学、散文、微型小说、摄影、翻译等，在九年里梦凌出版了12本作品，获得大大小小的奖项无数。作品被收入《世界华文女作家微型小说选》《中外华文散文诗作家大辞典》《当代世界华人诗文精选》《世界当代诗人大辞典》《世界华文微型小说100强》《东南亚华文女作家文集》。参加世界微型小说研讨会、东南亚诗人笔会、亚细安文学会议及海内外华文文学会议；2004年获泰国国王钦赐优秀教师的勋章；2007年获国际诗歌翻译研究中心的"2006年度国际最佳诗人奖"；2012年荣获世界客家恳亲大会"著作等身"荣誉奖，同年，在"百世杯"全国诗歌大赛中获"中国十佳女诗人"称号。

未来的梦想还在延续，写最好的作品，出版满意的优秀作品，这是梦凌一直坚持的原则。

未来，文学依然是最好的知己

经过了生死离别还有病魔折磨，这位小女人试图自杀过，但几经抢救还有佛教的悟理，她脱茧而出，改变自己的性格，改变自己的生活习惯，只因为她有两个儿子，还有她的文学梦。

问爸爸二胡究竟有几根线

爸爸摇头，爷爷没说

我没学会拉二胡，因为

一根在泰国，一根在中国

　　这是梦凌 2015 年的另一首微型诗《二胡》。改变了思想后的梦凌在她的文学作品中看到不同以往的她，曾经许多文字中的记忆和怀念，变成了故乡，未来和创作的主题，一如这首《二胡》。乡愁是华文文学的主题，或许四方格子的中国字，让她在文学的领域里体会到所谓的故乡故土就是对文字的喜爱。对文学情有独钟，也是一种文化信仰。

　　很多人只知道梦凌是华文作家，其实她也是一名泰文文学创作者，2013 年泰文短篇小说《珍贵的礼物》获泰国短篇小说比赛二等奖，当时她和几位获奖者把获奖奖金全部捐给了泰国西部的一个慈善机构，此举获得社会的高度赞评。更有泰文作家称梦凌的获奖小说属于乡土文学，那种朴质的生活故事一直是泰国传统的民间文化。一个作家通过锐利的眼光洞察社会，记叙社会平凡的事件，让小说内容脱颖而出，最终成为获奖小说，一如班乐亲王在颁奖的致辞中表示：小说的题材来自生活，而懂得用心灵的语言把小说故事描述得淋漓尽致，这是获奖小说高超的技巧。

　　梦凌在文学创作中，身兼中文泰文作家，无论在短篇小说、微型小说、闪小说还是散文以及诗歌方面都有大量的作品，她的中泰文双语儿童文学，深受泰国广大学生以及华文爱好者的喜爱。对于梦凌文学作品的评论文章更是无数，比如中国的钦鸿、古远清、赵朕、凌鼎年、胡凌芝、崔国发、姚朝文、程思良等。她的作品被介绍、发表在美、英、法、澳大利亚、日本、加拿大、新加坡、马来西亚等几十个国家。

心系中华，为梦想千里行

——记泰华奇人林栩先生

　　林栩先生的人生经历曾经被一位老知青作家誉为"幸运的知青，勇敢的战士，成功的商人，爱国的侨领，有魅力的演员，有创新的作家，有爱心的老师，有造就的学者"。总结他人生的成功就是自我超

演讲中的林栩

越，他不为一时的成功或荣誉而故步自封，他总是不断地飞跃，以至于有不断的创新与收获，成为集侨领、商人、作家、演员、学者于一身的泰华奇人。

　　幸运的知青：1974年林栩先生高中毕业后在中国参加了当年轰轰烈烈的上山下乡运动，他们这批知青没有像下乡到海南岛荒山野岭去割树胶那么艰苦，也没有像到北大荒农场那样在风沙迷

漫中做农活，他们200多人集体到了陆丰的深山参加大型的水电工程建设。一个半机械化的水库工地，给知青们很多学习锻炼的机会，林栩从挖山洞炸石头到跟班当测量工，做过仓库保管员，学过外线电工，跟着老师傅用两根绳子能爬上十米高的电线杆安装电线，到后来学医当赤脚医生（为他日后研究潜意识梦学奠定了基础）……四年的山区知青生活，用林栩的话说，耽误了升学深造的时间，但在社会大学里，学会了独立生存能力，给人生留下艰苦但又丰富的一笔。

勇敢的战士：1978年林栩由于表现出色，被工程指挥部推荐参军，那个年代中国青年当兵犹如千军万马过独木桥，百里挑一才能光荣入伍。林栩被分配到了广州军区独立汽车营，经过严格紧张的训练，他成为一名部队汽车兵教练员。1979年，中越自卫反击战打响了，他所在的部队奔赴前线，参加到这场维护东南亚地区和平、保卫祖国领土的战争中，军号急，战车隆隆，中国青年军人打出了军威，林栩因表现勇敢，战后荣获部队嘉奖令，圆了他从小的英雄梦，成了共和国一代最可爱的人。部队严格的生活、战火的考验，培养了林栩的意志和信仰，升华了灵魂。

成功的商人：参加对越自卫反击战后林栩没有留在部队升官，他解甲归田回到家乡，相继就读于厦门大学企业管理系、汕头市经济干部管理学院、中国青年企业家培训中心，后到汕头市共青团等机关当公务员。单调的机关生活关不住一个经过风浪冲洗的青年人的心，而改革开放的春风正在祖国的南方吹起，于是，林栩选择了下海经商。一次偶然的机会，他出差到北方看到家庭使用燃气，产生了灵感，他马上回汕头市创办了石油气供应公司，白手起家，经过四年的拼搏，成为拥有一家总公司、下辖四家分公司的总经理，1989年被汕头特区评为汕头市优秀青年企业家。

发表有《孙子兵法与企业管理》的论文，事迹被载入南中国企业家列传，是中国改革开放第一代成功的企业家。勇于创新奋斗，为林栩获得了第一桶金。商海实践与学院进修，使他的思想逐渐迈向成熟的阶梯、在人生更大的舞台上崭露头角。

爱国的侨领：成为优秀青年企业家后，林栩头脑很清醒，他没有飘飘然被金钱与荣誉所迷惑，面对蜂拥而来的鲜花与掌声，他常常陷入深深的思考。这时，他参加了市政府组织企业家的一场讲座，听中国银行驻新加坡分行谢总经理演讲"当代企业管理"。他说："两个小时的演讲，我就记住谢行长一句话'敢出国挣外国人的钱的企业家才是英雄好汉'，当时觉得浑身热血沸腾，回家三天大脑一直想着这句话……"就在这种超前思想的启迪下，1990年，林栩辞去了公职，放弃了汕头市优秀青年企业家的光环，举家移民到他母亲出生的泰国，开始人生新的征途。这期间，他与所有新移民一样饱尝了在异国他乡奋斗的酸甜苦辣，更不幸的是，他的结发妻子因病去世，留下37岁的他带着两个幼小的女儿，中年丧妻、事业的艰辛并没有将林栩击倒，反而激发他身上的潜能，也许是知青、也许是当兵、也许是当企业家所养成的那股不折不挠的底气、志气，他终于又一次成功地站起来。

当他在海外站稳脚跟后，就开始涉足爱国侨团活动，2000年与友人创办了新华侨组织"泰国华人青年商会"，任常务副会长，同时担任"泰国留学中国大学校友总会"副秘书长，"泰国中国和平统一促进总会"副会长，保护奥运火炬传递的爱国活动。他的经历印证了一句话，"是金子总会闪光"。海外华侨华人心系祖国，一旦有机会，他们的爱国热情、爱乡情怀会自然而然地迸发出来！

有魅力的演员：2008年，一次偶然的机会，林栩荣获泰国亲王、大导演唐微选定参加泰国历史大型电影"纳黎暄大帝"演出，该片是一部泰国爱国历史巨片，代表泰国参加法国戛纳电影节比赛，泰国政府要求国民都观看受教育，林栩尽管从没涉足演艺行业，但他努力学习，加上天赋，在亲王导演的教导下，扮演睿智勇敢的华裔大将军，被亲王誉为"泰

林栩扮演大将军

国周润发"，成为新华侨融入居住国文化艺术主流圈的典范。2009 年，顺应时代文化潮流，林栩发起创办了泰中文化人联合会（泰中文联），任主席。这是林栩在海外文化社团成功的一笔，泰中文联，汇聚着泰华学者、教授、医生、艺术家、歌唱家、媒体、老师、留学生以及热爱文化的企业家，他们举办学术讲座、书画展览、文艺演出、交流访问等多样化的文化活动，为中泰两国文化艺术合作与交流做贡献，受到中泰两国政府人民的肯定和支持，在海外唱响了龙的文化。

　　有创新的作家：在学术领域，林栩凭借着青年时期学过医学的基础与兴趣，对心理学、潜意识、梦学进行了近 20 年执着的研究和探索，他坚持记录自己梦日记近 2000 多例，该记录在梦学领域被誉为中泰第一人。2005 年他将自己记录的梦例，选出有代表性的 100 个，编著为《梦的启示》，该书被誉为文坛第一本

作者自梦自析的著作。2008 年收集了世界科学家、艺术家、政治家、名人 100 个梦例，编著成《世界名人名梦经典》，旨在启发读者，尤其是青年学生发明创造的灵感，该书翻译成中、英、泰三种文字在世界各地发行，并赠送中泰 300 家大学图书馆收藏。2015 年出版《潜意识力量自我使用手册》，同时发表有《唤醒潜意识的力量》《潜意识与企业家智慧》《潜意识与心理健康》《潜意识与创作灵感》《潜意识与刑侦破案探索》等论文。

　　一本书可能是凝结作者多年甚至毕生的知识和心血，林栩在梦学、潜意识执着 20 年的探索追求，使他成为这个领域的领军人物和纪录保持者。他介绍说，因为执着研究梦，曾经被很多人误解，甚至有人嘲笑他不做生意挣钱，整天活在梦中。这让笔者想起了一句名言，"如何发现有创新的人，可能就是大家都反对的那个人"。社会总会给超前的人各种压力，而这种压力往往就是动力！

　　有爱心的老师：林栩先生从 2010 年开始游学生涯，他研发心理学、潜意识培训教材，其中有代表性的有学生课程：《潜意识与想象力创造力》《唤醒心理的力量》，社会各界课程：《企业家智慧与健康》《潜意识与创作灵感》《潜意识与刑侦破案》等。相继到中国清华大学、人民大学、北京师范大学、泰国皇家师范大学、农业大学孔子学院等 50 多所大学院校和政府机关、商会企业演讲上百场，学员达数万人，深受大学师生、公务员、企业家、社会各界人士欢迎和尊重。获中泰 5 所大学聘请为终身教授、客座教授。他立愿为中泰 100 所大学院校义务演讲 100 场，期望能激发大学学子的创造力、想象力，为科学艺术创新培养人才。他多次获中泰两国领导人的接见，是海外华人文化教育界的知名人士。

　　有造就的学者：林栩先生现在与美国哈佛大学、北京林业大学心理学家联合创办泰国潜意识力量研究院，任院长，兼任泰国吞武里大学心理学系主任。

　　他于 2008 年在国际心理学界率先提出造梦（孵梦）理论，指导学者通过"造梦"与潜意识沟通，唤醒自身的潜能和智慧。同时研发"潜意识与睡眠疗法"，帮助了无数学者改善失眠，提升心理力量战胜疾病，成为开启人类潜意识智慧的先行者。

　　目前潜意识研究院已经和哈佛大学亚洲老年健康研究中心合作立项"潜意识激发与老年痴呆症的防治"。我们期待学者们的创造与发明，能为人类健康造福。

泰国华文媒体简介

泰国华文媒体主要由平面媒体、网络媒体和视听媒体三部分组成。

平面媒体主要有八家，分别为：《星暹日报》《亚洲日报》《世界日报》《京华中原联合日报》《中华日报》《新中原报》和《东盟商界》杂志。

《星暹日报》

泰国《星暹日报》创刊于一九五〇年，为著名华侨巨贾胡文虎与泰国华侨殷商郭实秋合办。泰国《星暹日报》总编辑马耀辉，祖籍潮州，是出生于泰国的第二代华人。

《亚洲日报》

一九九三年八月二十八日，一批业有所成的泰华知名企业家和华侨，出于对中华文化的热爱，合资创办了《亚洲日报》。泰国最年轻的华文报就这样诞生了。

《世界日报》

一九五五年七月二十六日，由盘古银行董事长陈弼臣先生创办于曼谷。目前，《世界日报》依托联合报系庞大的资源，以及在泰台商的支持，无论是报纸内容还是广告经营方面都略胜一筹，是泰国华文报纸中唯——个繁体横排、自右向左翻页的报纸。

《京华中原联合日报》

《京华日报》创刊于一九五七年六月，是泰国唯一由官方申请出版的华文日报。一九八四年七月十六日，《京华日报》与创刊四载的姊妹报《中原日报》合并，命名为《京华中原联合日报》。

《中华日报》

《中华日报》是泰国历史悠久的华文媒体，已故著名泰华侨领陈纯老先生创办，于一九六〇年三月十六日正式创刊并印发首份报纸。

《新中原报》

《新中原报》的前身是一九三八年秋创刊于曼谷的《中原报》。一九七四年六月十八日更名为《新中原报》。《新中原报》历来对中国态度友好，对中国新闻报道比较全面客观。

《东盟商界》

中泰文版的《东盟商界》杂志是《东盟经济时报》和泰文《世界商贸》杂志联合主办的一本商务杂志月刊。《东盟商界》杂志以中泰文专业经济媒体的形式与商界、企业界紧密合作，为企业和企业家提供交流的平台，提供优质的服务，推介成功的企业和企业家，企业管理、企业经营的成功案例分析，新的创新模式等。

网络媒体主要有四家，分别为：泰华网、东盟经济时报、亚洲论坛、和平世界。

泰华网

泰华网是面向泰国华侨、华人、华裔的门户网站，全面提供泰国华人社会的动态信息。泰华网还会给所有希望了解泰国和泰华社会的网友读者，提供多方面的服务，帮助他们进入泰国，进入泰华社会。

网址：www.thaicn.net

东盟经济时报网

网站立足泰国，关注中国以及其他东盟国家，增加了解，加强合作，旨在全面推进东盟经济一体化。

网址：www.aseanecon.com

亚洲论坛

《亚洲论坛》立足泰国，关注亚洲，面向世界，坚持以客观的立场对社会各类现象进行评说。

网址：www.asiabbs.org

和平世界

和平世界网由泰国中国和平统一促进会总会创办，提供泰中两国金融、经济、旅游、社交等方面的新闻报道，旨在维护中国的和平和统一。

网址：www.hepingshijie.com

中华流韵

把中国传统音乐留给泰国人民

——访世界第一位在外国皇宫里教授古筝的老师李扬

　　时光荏苒，一晃十三年过去，李扬教授和泰国朱拉蓬公主演奏中国古筝已成为中泰两国的佳话。这如同"安娜与国王"当代版的美传深入民间，许许多多的人都想知道李扬是怎样教授一位

李扬（右）与朱拉蓬公主演出中

外国公主弹奏中国乐器的，又是怎样在泰国皇宫里传播中国音乐文化的，那就听我娓娓道来吧！

读者朋友大概知晓，中国改革开放初期的文艺界，喜获千载难逢的繁荣昌盛，一部部、一台台的文艺作品如雨后春笋般地呈现给观众。《丝路花雨》是当时享誉全国乃至世界的舞剧，李扬随该剧不但走遍祖国大江南北，还出访了包括泰国、法国等在内的十几个国家并演出。那也是获得了无数赞誉、无数鲜花的辉煌经历啊！可是后来，李扬又为什么独自再次来到泰国呢？那就听她娓娓道来吧！

【一】

二十多年前，当李扬还担任甘肃省歌舞团舞剧《丝路花雨》的古筝独奏时，她就在她年轻的朋友中是一个具有世界观的人。这与李扬经常出国有关，与从小在国内的许多地方生活过的经历有关。

李扬出生不足一个月，就被在军队里担任要职的父亲和当军医的妈妈送回了老家武汉。说到这儿要感慨一下，她的父亲获得"抗战胜利七十周年纪念章"，真的是以血雨腥风和牺牲家庭幸福、骨肉分离换来的。不过也好，李扬因祸得福获得了姥姥最真挚的关爱和抚养，说到这儿她快要掉眼泪了，已在天堂的姥姥又哪里知道今天李扬的成就和她父亲的丰功伟绩啊！

历史永远是未来的老师，有了父母的坚毅，李扬才有独立成长的经历。李扬在姥姥的呵护下学会了独立思考、独立面对人生。当她八岁回到父母身边时，已是一个热爱艺术并坚持自我的孩子。

当医生的妈妈尽管反对她从事文艺，但妈妈也只是默默地流泪，这里面有她对李扬亏欠的谦让。

李扬在结束武汉音乐学院古筝教授吴青老师的精心栽培后，以优异的成绩考上了享誉中外的甘肃省歌舞团。从此，李扬在意大利斯卡拉剧院演出、在俄罗斯马林斯基剧院弹奏、在日本二十三个城市进行"地毯式"的巡回演出，这一切对当时只有二十几岁的李扬来讲，是难得的人生阅历和光华的体验！

【二】

说到这儿，就要提及来泰国这件事了。在当时李扬一系列的出国演出中，泰国的经历是独特的，它让李扬觉得来泰国好像不是出国。因为华侨、华裔太热情了！他们在现在的曼谷皇家田附近的国家剧院购买《丝路花雨》的票时，激荡的人潮把出票口的玻璃窗都挤碎了。当时在曼谷演了整整二十五场，仍没有办法满足观众的需求，最后就连主办方盘谷银行都震惊，一部舞剧的演出竟会如此轰动！

轰动就有后续、就有友情在李扬和观众之间展开。于是，李扬被告知在泰国有很多的古筝爱好者。善于思考的李扬继续着她的专长，回到兰州后，李扬思考着如何拓展古筝在海外的传播，于是她下决心"下南洋"。

不同于百年前的逃难，也没有乘坐旷日持久的海上"红头船"。1990年，李扬乘着飞机再次踏上了泰国这富饶但又很炎热的土地。初来的吃苦就不说了。到了和曼谷交响乐团合作、与泰国娱乐"巨无霸"格莱美合作出版音乐专辑时，李扬觉得一切辛苦都值得了！

辉煌的事业还在继续，当李扬接到中国大使馆秦裕森参赞的通知，要她教授朱拉蓬公主时，她的心猛然敞亮！她的独立、她的思考、她的浪迹将创造历史！她将是世界上第一位在外国皇宫里教授中国传统乐器的老师！

【三】

2000 年 12 月 17 日，是一个值得铭记一生的日子。那是李扬教授朱拉蓬公主的第一天，她在租住的公寓门前上了皇家的迎宾车，在泰国中将为她开门的礼遇下步入朱拉蓬公主下榻的宫殿。

这一切使李扬紧张不安，数天来学习的皇家礼仪也变得模糊起来，李扬僵硬地坐在公主巨大的书房里，高冷的书架、豪华的装饰使她越发紧张。褐色的钢琴显出泰国皇家的世界性，泰瓷的雕花释放着这个民族的优雅。

李扬慌乱的眼神不停地寻找着支点，突然，公主新添置的两台古筝出现在她眼前，给她带来安慰和兴奋。她像看着亲人那样看着它们，它们也像是找到主人那样向李扬投来期许的目光，期待她在它们身上演奏中国音乐的新乐章！但是，一切还需要等待，等待真正主人的到来。

这时，旋转楼梯口响起脚步声，公主在随员的陪同下来到李扬面前，当代版的"茜茜公主"出现了！李扬赶紧做"屈膝礼"，公主还以"合十礼"，彼此脸上绽放着笑容。此时算起来李扬已来泰数年了，她想她的笑容应该算是"暹罗微笑"了吧！

公主和李扬同坐在两台古筝前，怎么开始呢？李扬的"暹罗微笑"有点痉挛。公主显然发现了李扬的紧张，殿下说："老师能不能为我弹一首乐曲呢？"问话其实就是命令，只不过发自一个温婉的声音而已。李扬快速地搜索着记忆中的曲目单，然后定格在《彩云追月》上，行吗？公主爱听吗？这时她手下的古筝恨不得自己响起，顾不了那么多了，李扬终于下手了。

一阵抒情，心怀在音乐里还原了自信，当李扬弹完了乐曲的最后一个音，抬起手，古筝也像酣畅淋漓的诗人，慢慢停止了琴弦的颤动。可公主还没有离开思绪和想象，她大大的眼睛闪烁着剔透的光泽，她们俩一起抬头环顾，只觉得这殿堂里充满了中国音乐的温润，书架不再高冷，泰瓷披上了中国的流光溢彩，钢琴也送来了渴望被演奏中国音乐的眼光。

李扬和公主的话语交流也多了起来，她自信地发挥着语言能力，公主说："老师的泰语说得真好！您知道吗？我在中国访问时，听到的第一首古筝曲就是《彩云追月》。"听着公主字正腔圆的表达，李扬感受到泰国从平民到皇家都对老师尊重的完整体验，心想，没想到成功就这样在平静中出现了。

【四】

走向辉煌的成功是需要勤奋的，每位学过乐器的人都体验过乏味单调的练习。作为拥有钢琴基础的公主不畏惧一遍遍、日积月累的勤学苦练。但古筝这件乐器是有其特殊性的，读者不要嫌我啰唆，因为中国文化精神体现在古筝上是需要特别技能的。

我们的祖先在创造古筝时，用琴码把长长的琴弦分成了两个音区，有人会说古筝只弹右边，而左边是废弃的。殊不知，我们的祖先是让我们在琴的左边吟揉韵律，使右手弹出的音更加意味深长，这是绝妙的想象，是中华线条艺术的具体体现。

但是吟揉意味是需要手指压弦的，公主的手太娇嫩了，怎能经得住这么重的力量，她的手被压脱了皮，指尖红肿起来。每次上课，旁边的随员看着李扬这么"虐待"公主，禁不住低头落泪，李扬有时也茫然犯难，想请公主停一停、歇一歇。但是公主从未叫过苦。十指连心啊！疼痛时，公主殿下的眉间只是皱一皱，但绝不会让乐曲停下来。就这样，她的指尖长出了茧，她的吟揉奏出了情，更奏出了"中泰一家亲"的吟揉韵律。

2001 年 8 月 7 日，是重要的日子。泰国皇家、中国政府、泰国政府为了庆祝诗丽吉王后生日暨庆祝中泰建交 26 周年，在曼谷举行盛大的"中泰一家亲"晚会。晚会上，朱拉蓬公主领衔演奏古筝、李扬随奏古筝，在泰国皇家海军交响乐团伴奏下，成功演奏大型古筝与交响合唱《中泰一家亲》。

这可是诗丽吉王后驾临，诗琳通公主、蒙颂亲王莅临的演出，还有中泰两国高级政府官员出席，这是迄今为止中泰文化交流史上最高规格的演出！

从给公主上课的第一天起，李扬就预感到有这样辉煌时刻的展现，但没想到来得这么快。公主学琴之快超出李扬的预料，公主在音乐上的才华超出李扬的想象，特别是公主的坚毅和隐忍，让她内心敬佩。

【五】

在李扬和公主朝夕相处的近十四年里，无论是访问中国，见证祖国翻天覆地的变化，还是访问欧洲、美国，走遍四大洋五大洲，都是以泰国皇家代表团的名义考察、科学演讲，或者演出的，这期间，公主和李扬始终没有放弃对古筝的学习、探究。

李扬和公主渐渐地融为一体，在中泰音乐上寻找共通之处，逐步形成了古筝演奏中泰音乐的系统，这个系统建立在华人在泰国八百年的历史上，建立在中泰文化长期交流的基础上，建立在中泰血脉绵延的悠长之中。

我们经常发现泰国的古曲里有中国的音调，经常听到以泰语演唱的潮剧。于是，李扬和公主就把它们搜寻出来，请作曲家李辉先生编创为古筝演奏的乐曲。《中泰一家亲》就是这样产生的，它是集泰国音乐与中国音乐结合的精髓，是李辉先生在泰国近二十年体验的结果。

现在很多人都在说要做文化，但做具体工作、付诸实施的不多。文化是细小的积累，是长期的形成。为什么中泰关系割不断？那是因为我们的血脉相连，正如公主作词、李辉作曲的《中泰一家亲》所唱：心相印本是根相连，千万里割不断缘，中泰亲、亲如一家人，莫道两国土不相连。

好了，不多说了。真正的中泰大动脉"中泰高铁"在不久的未来将会实现，这不仅仅是修铁路的问题，而是在未来两国人民要天天、时时地待在一起的唇齿相依啊！一起做生意，一起谈笑风生，一起串门、喝咖啡、喝茶、做泰式按摩，那时的《中泰一家亲》大概是"老乡见老乡，两眼泪汪汪"的描述了吧！

千百个梦里全都是你

——记声乐名家余葆虹

余葆虹老师是泰华界著名的声乐老师，她的学生特别多，从侨社老板到商会协会，乃至不同的社会人士；她举办了无数场音乐会，出版的 CD 磁带盒到 CD 片数量不少，优美的歌曲被学校的华文老师采用，作为教材编排舞

余葆虹

蹈。作为泰华音乐界名人，作为一个中国人闯荡泰国，而成功地站在泰华音乐界这个舞台，除了天赋，还有她和蔼可亲的为人，还与平和的处世态度有关。

余葆虹来自中国，她毕业于武汉音乐学院师范声乐系，原中国音乐家协会会员，中国武装警察总部文工团独唱演员。旅泰女高音歌唱家，声乐教育家，现任泰国中华总商会合唱团声乐指导

151

及合唱指挥，并担任多家泰华社团声乐老师。

余葆虹在声乐界赫赫有名，跟她非凡的成绩是有关联的。2003—2013 年她先后参与并编排了泰国奥运北京节目，参加汶川地震大型赈灾义演等；担任中华人民共和国成立 60 周年大型庆祝晚会、庆祝泰国中华总商会成立 100 周年庆典晚会的编导及合唱指挥，以及多次担任为中国国家领导人访问泰国期间公宴大会的演出编导及合唱指挥。值得一提的是 2013 年 2 月余葆虹随中国广东省侨办参加"四海同春"春节慰问团访问美国及巴拿马的演出，得到了巴拿马市长和海外侨胞的热情赞扬。

旅泰多年，余葆虹爱上了这片微笑的国土，在她的眼中，泰国虽然是个小国家，可是很容易生活，或许跟文化，或许跟宗教有关。她在多年的社团教学中曾主办"2007 年桃李芬芳春色满园"师生演唱会，比如 2011 年"真情十年唱欢歌"教学汇报演唱会，"向快乐看齐'虹歌会'旅泰教学十二周年师生演唱会"。特别是 2000 年由泰国刘氏宗亲总会主办"刘氏之夜"余葆虹个人专辑演唱会，并出版《千百个梦里全都是你》个人专辑歌曲集。旅泰教学期间还多次随泰华社团访问中国、新加坡、马来西亚等国家，参加当地的演出活动。

谈及中泰两国的友好关系，她用嘹亮的声音自豪地说：作为中国人我当然爱中国，在泰国生活久了，我也深深地爱上了这里，因为这里有我的家，我的朋友，我的学生。

在泰国生活久了的中国人或是华人会喜欢上这个美丽的旅游小国，虽然这几年泰国的政治不稳定，但没有让余葆虹等旅泰十多年的人却步，正如她的个人音乐专辑《千百个梦里全都是你》，歌词里的中华情，歌声里的泰国心，无论多少个梦，音乐就是她生命的最爱。

　　"居住泰国多年，虽然泰语不是太流利，可是居住泰国就是感觉踏实，起码能把我自己所学所懂的知识带给泰国人欢乐，我想这是我应该做的，而且会努力把它做好。"余葆虹很自信地说。音乐本身就没有国界，人们用音乐表达一种思想一种感情，还包含着对一种文化的敬仰，"我作为一名中国人，一名音乐倡导者，我希望把美好的中国音乐中国歌曲带给泰国人民"。

　　千百个梦里都是中华情，东盟国家华人热爱中国歌曲比中国人更强烈，余葆虹说她愿意做一名宣扬中华文化者，因为这是她的职责，她的梦想。

佛国的中医瑰宝

——访当代名医李国栋教授

李国栋在联合国举办了 59 场画展，震撼了全球华人；泰国三军对他的医术佩服得五体投地，称之为神医，说他是泰国华人，而他坚持自己是中国人。

到泰国二十年，他传播中国文化，呼喊中医合法，多次随军政代表团访问中国，促进中泰友谊。如今，年过花甲的李教授每天照常在音乐中治疗病人，心境淡泊宁静，他说是"返本归真"。

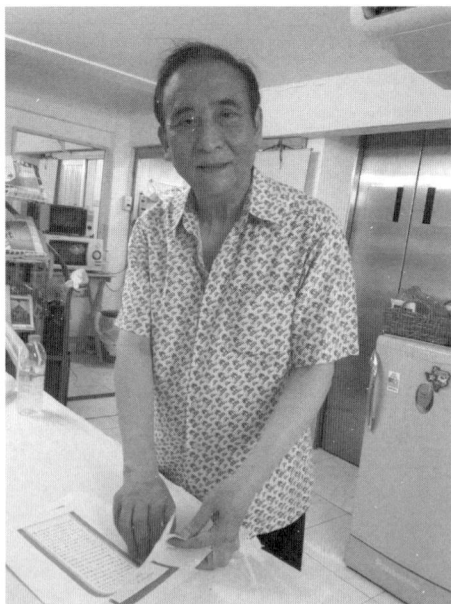

李国栋

针灸戒毒和针灸音乐第一人

李国栋是一个有个性的医生，当年他的父母亲被流放到雪山地区，但父母亲却一直为当地百姓治病，或许这样的精神和榜样给予李国栋很大的启发。来泰国几年后他在曼谷湄南河酒店开了一家诊所，50多张病床上床无虚席，病患者多是泰国华人华裔，他们每天来此接受李医生的针灸治疗。

除了医治病人，他还不断地研究治疗法，比如他在泰国发明的两项技术：音乐治疗和针灸戒毒。

李国栋述说着亲身经历：三十年前的一天，一位门诊病人突发毒瘾在地上翻滚吼叫，痛苦万状，在场医务人员都未曾接触过"吸毒人士"，处理上有犹豫。吗啡等麻醉镇静药须到住院部总药房领取，还须审批缓不济急，"我试用注射针头强刺百会、水沟、内关，顿见奇效。'针灸戒毒'之可行性，应可为大家所想"。

朋友们动员李国栋去申请专利，他不以为然。用优秀的中国传统理论和实践为人治病，是一个医生的责任而非权利。

由于在泰国首创了"针灸戒毒"，得到泰国军方的肯定和赞赏，军队给李国栋的爱护和关照使他深感受之有愧。每天有专车专人接送，偶尔到清迈、合艾等外府都有专机。很长一段时间住在空军总司令别墅里，照顾无微不至，所有衣、食、住、行都由军队免费提供。

在泰国，李国栋被媒体称为"针灸音乐第一人"，CCTV 4多次播放"李国栋教授是针灸音乐第一人"。

李国栋说是不是"第一人"并不重要，重要的是这样尝试了，而且有效果。生活离不开音乐，音乐本身就有治病健身作用。人是万物之灵，灵则有思想。音乐是最奇妙的思想表达。

治病的音乐必须有思想深度，旋律美妙，才能与针灸协同促进大脑分泌二十多种有益物质，而有利身体的阴阳平衡。有些浅俗音乐不能用。例如，有的应时歌曲像讲话又听不懂，比讲话难听，不知道是哪国哪族的曲律，对病人只会形成劣性刺激。如果医生自己直接为病人唱奏一些乐曲，拉近医患关系，疗效更佳。

是医生又是艺术家

李国栋是医生，又是艺术家。在泰华界大家都知道，李国栋是书法家，原来他6岁起潜心练习书法，迄今已65载。仅在泰国的20余年间，他练习书法就用去三十多吨的墨汁，纸张加起来可堆满八个房间。光是"福""寿"两字，他就反复练习书写了数千上万遍。

李国栋曾应联合国有关机构的邀请，携其书法作品在联合国展览展示二十多次，联合国秘书长潘基文特别喜欢李国栋的书法，不仅收藏了他的两幅书法作品，还为此展览发来贺信，信中指出"李国栋教授国际巡回展，无论从加

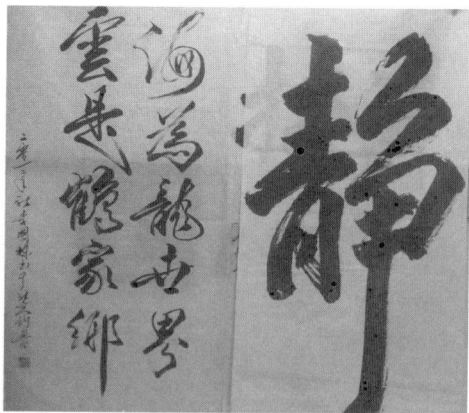

李国栋书法作品

深入们对中国文化的赏析而言，还是就促进世界各国人民的友谊来说，都具有伟大的里程碑意义"。

李国栋现为泰国国际书画院院长、中国世界名人协会泰国分会主席、美国全球艺术家联盟永远名誉主席及泰国分会主席、美国美中泰国际文化发展中心艺术总顾问、中国民族画院特约顾问。2015 年 9 月，李国栋的书法展在北京恭王府开展，展出他的书法作品 50 幅及其与西方画家联合创作的书画作品十余幅。

联合国秘书长潘基文发去贺信：佛教心语，美丽的中国梦，伟大的里程碑，千年精神旷世奇才，载入史册的李氏书体。

发扬太极的百岁老人

——记太极拳总会会长徐展略

中华文化精华有容乃大，海纳百川，太极拳运动焕发出独特圆融，阴阳互济，其执"中庸"使修炼者顺应自然之道，人与人和谐，人与大自然和谐共生之，太极文化被社会有识之士采纳并推广，构造社会和谐的动力。泰国太极拳总会在历届主席和理事会同人的协作下，积极拓展会务，期以通过太极儒雅内涵，凝聚社会力量，把社会发展得更加和谐美好。

太极拳总会走进大学

2016年8月16日上午，由薛建荣主席暨永远名誉主席兼参议徐展略等一行三十余人赴泰国华侨崇圣大学，此行使太极拳总会与圣大达成战略合作性关系。总会将派出高级教练为圣大学生培养太极拳人才，受到圣大叶舜生校长及副校长等热烈欢迎。叶校长在致辞中指出：圣大作为华侨报德善堂辖下大学，以大丰祖师慈悲为怀作为宗旨，致力于国家人才培养，战略性合作就是要凝聚社会力量，让社会热心人士投身到构造社会和谐行列中，把有益知识向学生传播，使学生毕业后成为社会有用之才。

太极拳作为中华文化瑰宝，循阴阳之法理，修炼者通过身法调节，从招式学习体会太极拳圆融之道，从缓慢练习中感悟为人处世，顺应自然法规，太极拳最高境界可以用十三个字概括，即人法地，地法天，天法道，道法自然，也就是说人类活动必须顺应地球活动规律，地球活动规律必须顺应天，即太阳、月亮、阴阳变化产生一年四季规律，由此得知人类必须顺应自然规律，珍爱地球，让人类与大自然和谐共生。此外圣大当天还与当地政府、警察总署、不饮酒协会签署了构造社会和谐相关协议。

泰国太极拳总会创会主席徐展略，1924年清莱府出生，其父徐红景是泰北声震一时的商贾，生母邱氏为教师，三岁时由养母刘氏抱回祖国丰顺附城镇双河祖籍居住抚养，享受中华文化教育。

21岁在家乡执教，眼见因抗日战争而失学儿童众多，为其前途担忧，遂与村中长辈及有识之人，进行商讨后获得共识，倡创"平民学校"，学童一律免费入学，家庭困难儿童，赠助校服及文具书籍。学生人数日增，丰顺县长刘禹伦说：开创潮梅地区"平民教育"之先河。抗日胜利后南渡泰国，被泰北聘为教师、校务主任，积极促进中文教育事业。1953年迁往曼谷，投笔从商。1960年与朋友合创百高金属有限公司，建挤压铝条厂，产品质量超标，并任泰亚洲钢管有限公司董事总经理，连续三届获西班牙颁发的国际产品标准优秀金盾奖。

他胸怀豁达、性格豪爽、急公好义，以诚待人、助人为乐、一诺千金，救灾恤难、排难解纷，颇具侠义精神。他崇尚中华传统医学，喜欢研习气功医药学，运用气功推舒理疗，乐意为病人服务，医德高尚，被誉为"公园义医"。多次被邀请参加中国国际学术交流会议，参加世界医药气功学会，被选任第三、四、五届副主席，并在泰京创设"曼谷医疗中心"。1989年被选为"泰国模范父亲"，荣获泰皇御颁"泰皇御像纪念盾"。他真挚贡献社会，助人为乐，颇为社会人士尊重。

徐展略任会长10年期间会员遍及全国，有20多万人，因为跟华侨崇圣大学的合作，该大学的亮点本就是弘扬中泰文化，近10年，大学已培养近10万名大学生学习太极拳，2014年举办太极拳友谊竞赛，1000多名24招式的太极拳演出，场面壮大，全国有30多个团队参加，各界各地团队参加竞赛，泰国电视台采访并有演播，成绩斐然，获得社会人士的好评。中国驻泰大使馆、人民大学教授李得应教授前来参加。李得应教授为中国十大教练之一，北京大学31年的体育武术专家，他有意前来泰国华侨崇圣大学为太极拳的发展指点工作。

徐展略冀望在未来，从大学方面发展的拳术教育能走进国际交流方面。

作为年纪已经93岁的老人，徐展略身强体壮，他在我的面前谈养生之道：

自小身体弱，庆幸的是祖辈有打少林拳的，奶奶祖籍安徽，特别喜欢太极拳。自12岁开始练太极拳，分为吴派、杨派太极拳，觉得杨派太极拳比较柔美，适合养生。我一生真的很少生病，坚持每天练太极拳，半小时至一个小时，几十年如一日。我这一生很幸运，获得多名名师指导，领略太极拳是最优秀的健康学问，也认识到人生最美好的科目。

这是近百岁老人的心声，持之有恒，一个信念即可以保持心态的平衡，又可以强身健体。

开办中医院，传承中华医术

——访华侨中医院李宗民教授

　　传承了几千年的中医，在泰国却是一门蓬勃发展的新医学。由潮汕籍华侨建立的慈善组织——报德善堂设在曼谷的华侨中医院，可谓记录泰国中医发展史的一个样本。

　　在药材的清香中，在这家 "小而精" 的中医院，看到患者们排队接受中医药、针灸、推拿等服务。橱窗里，陈列着中泰文关于中药材的介绍。电梯门上，画着养生操的姿势。

　　"20 年前成立时我们只有 3 名医生，如今日门诊量已达 600 人次，还成为泰国卫生部的试点单位。"中医院院长、82 岁的蚁锦桐先生说。

　　华侨报德善堂于 1910 年由泰国著名潮汕籍侨领郑智勇等发起成立，华侨中医院就是由报德善堂设立的。

　　其实，早在 1938 年 7 月，报德善堂就开始为大众提供医疗服务。20 世纪 90 年代，泰国卫生部放宽了替代医学（西医以外）治疗服务政策。这一来，中医药如同久旱逢甘霖一般发展起来。于是报德善堂于 1995 年 7 月 5 日，设立 "泰中医疗中心"，以 "华侨中医院"名义注册成立，开始向泰国民众提供中医药服务。

和世界其他国家一样，泰国一直以来不仅使用西医西药，还会结合泰医、中医等传统医疗方法来配合治疗。中医随迁移至泰国的华人进入泰国，已经有数百年历史。但此前由于没有政府的明文许可，医生只能大多采取地下行医，或在药店隐秘"坐堂"的方式。后来"华侨中医院"的注册成立，为中医在泰国的发展提供了一个良好契机。

万事开头难。作为办院"元老"，医院临床教研处主任徐慧兰对此深有感触。曾是上海复旦大学医学院附属医院副教授的她有着中西医教育背景，20多年前随丈夫定居泰国，在华侨中医院找到了事业的"第二春"。

"当时医院只设内科，仅3名医生，没什么市民知道。我们走到外面开展义诊，免费开药让患者来抓药。"徐慧兰说，就这样一传十、十传百，良好的疗效令医院的招牌也越来越亮。

如今，华侨中医院已开设了内科、针灸科、推拿骨伤科、养生科，以及肿瘤等科室。据蚁锦桐介绍："医院总人数有160多人，其中包括10名高级职称的专家，其中不少是从中国引进的。"

2009年，泰国正式立法批准中医师独立行医，中

李宗民教授（中间手拿奖状者）荣获中华人民共和国卫生部颁发的优秀工作者奖

162

医发展进入快车道。据介绍，泰国卫生部为了规范中医在泰国的发展，特地设立了中医执业考试验证考试委员会，为治疗病人的中医师、院校及各种中医器具及中药材制定中医执业标准，并且给通过执业验证考试的中医师颁发"中医执业资格证"。

泰国卫生部也为中医培训提供平台。截至2015年2月，共有1500名西医接受了针灸培训，728名中医师获得执业准入资格。同时，泰国卫生部还承认来自中国31所中医药大学的学历，其中包括广州中医药大学。

有一批专家中医，为医院发展及中医在泰国发展做出贡献，其中一位就是李宗民教授。

李宗民教授，主任医师，1936年生，中国民间中医医师研究开发协会手法与健康研究专业委员会理事长，原北京铁路医院中医骨科医生，泰国卫生部中医骨科顾问，泰国华侨医院骨伤科主任，美国中医药针灸学会骨科教授及人才评估委员会委员。

李宗民，出生于中医世家，从事中医骨伤科医疗和教学已有五十余年，早年得到骨伤科专家连文耀和吴鼎新老师的指导，并拜北京著名的老中医骨伤科黄乐山、曹振忠为师，学习中医骨伤治疗技术。

20世纪60年代，李宗民在骨伤科专家连文耀老师的指导下，根据《灵枢宫针》之"九针之宜，各有所为，长短大小，各有所施"的理论，将九针中的圆利针研制改良成治疗狭窄性腱鞘炎的专用刀具，俗称"小针刀"。这一创伤性小、无须缝合、手术时间短之中医治疗技术的发明给腱鞘炎患者带来了福音。

20世纪70年代，李教授根据中国古代著名医著《医宗金鉴》中的攀索叠砖疗法治疗腰腿疼，结合现代医学，研发了垂直悬吊牵引腰椎间盘突出症这一领先技术。经尚天裕教授为组长的七位专家鉴定组的专家评定，具有科学性、创造性，对脊椎相关疾病的治疗达到国内外先进水平。

在 1978 年全国第一届骨科大会上，他的论文发表在《中华外科》杂志中文版，《中华医学》杂志英文版，被列为中国骨科30 年以来取得的成就之一，并荣获全国科技大会奖。

20 世纪 90 年代初，李宗民教授与安徽医科大学王茂音教授一起对中医手法治疗腰椎间盘突出和颈椎病患者体内自由基代谢的影响进行了研究，该项研究结果得到了中国协和医科大学许成素教授、中国中医科学院尚天裕教授等专家组的肯定。

为响应段顺如等老一辈中医手法前辈关于"尽早开办名老中医手法传承学习班"的倡导，把中医骨伤等传统治疗方法保留、传承下去，满足广大中医手法工作者对中医手法学习、传承的需求，中国民间中医药研究开发协会手法与健康研究专业委员会决定从 2015 年 10 月开始在北京举办"名老中医正骨推拿手法传承学习班"，组成首批 30 位名老中医传承导师团队，而李宗民正是其中的一位。

李宗民教授在泰中文化人联合会担任副主席一职，偶尔会在宴会或是联欢庆祝会上遇到他，记得 2014 年的中秋联欢他率领华侨中医院数位医生为大家免费开诊打脉，并演示了一套健康操，令人印象深刻。

发扬中国书画，艺术无国界

——记书画名家吴令平

　　泰华文化人在泰国创业、奋斗，不管是从事什么工作，大家身上都承载着中华文化的传播使命，通过华人华侨的传播，让更多的泰国朋友、世界朋友们了解中国

吴令平在联合国亚太总部书画展恭迎公主

文化，让越来越多的海外朋友了解中华文化，喜欢中华文化，宣传中华文化。在泰国发展的同时，华人华侨也会与国内合作发展，中国经济发展这么快，提供了极好的机会，泰国华人华侨在做生意时不忘传播中国文化，促进中泰文化交流。

　　泰中文化人联合会于 2009 年 3 月 1 日成立并得到泰国政府正式注册批准，成为一个合法的民间社团组织，以传承文化为己

吴令平（左）向英拉总理赠送自己创作的国画作品

任，设立"文化出版基金会"。

创会主席、现任第三届监委会主席吴令平，旅泰华人画家。20 世纪 90 年代踏着祖辈的足迹移居泰国，在东西方文化艺术交融的土地上生活，创办泰国怡丰有限公司，任董事长，从事美术设计、印刷制版的业务，近二十年的奋斗，开创了一片新天地，成为泰国行业内的佼佼者。

天公作美，他有幸被泰国大导演蒙昭察第·察朗裕坤亲王选中，出演电影《纳黎暄大帝 3》中红头船船长的角色，这是很多专业演员从艺多年都无法遇到的机缘，吴令平以他独有的气质与表演才华，将一位中国古代武将的形象表演着淋漓尽致。在参加拍摄的日日夜夜，大型历史电影的情节、人物、景象触发了他的艺术灵感，产生了强烈的创作欲，他在现场收集第一手珍贵资料，终于，他用他的油画笔，开始人生艺术生涯的大手笔创作——用 100 幅油画展现 300 多年前泰国、柬埔寨、缅甸等国家声势浩大的古战场，其中有历史英雄、佳人、马战场、大象战场、水上战场等。

泰中文化人联合会走进泰国名牌大学

泰华圈子比较小，唯有走进泰国主流社会，才真正地融入了

泰国社会。于是，泰中文化人联合会多次举办活动，力求走进泰国大学，弘扬中华文化。2009 年 3 月泰中文化人联合会在泰国朱拉大学举办第一场演讲会，邀请中国大使馆文化参赞陈疆演讲《中国经济发展与文化繁荣》，演讲会坐无虚席，中途无一退场，这是一场空前成功的讲座，一方面显示出演讲者的水平，一方面说明泰华侨团文化活动的需求，这也为泰中文化人联合会今后会务发展找到了一个新方向。

由曼松德昭帕亚皇家师范大学孔子学院与泰中文化人联合会共同举办的"首届中国书画艺术研讨会"于 2012 年 6 月在曼大孔子学院举行。开幕仪式上，曼松德昭帕亚皇家师范大学苏达叻副校长表示：中国国画奥秘深湛，而传承中华文化是大学的教学目标，也是泰国画界和国民应该学习的。泰中文化人联合会主席吴令平在致辞中感谢曼松德昭帕亚皇家师范大学给予场地支持。

为期三天的首届中国书法艺术研讨会，吸引了泰国本地著名的油画家、水彩画家以及中学、大学美术教师，特邀老挝著名的油画家、获联合国和平贡献奖的陈琳先生以及泰中文化人联合会主席吴令平为主讲老师，泰中文联常务副秘书长梦凌为现场翻译。两位主讲老师将中国国画基础、宣纸、墨以及国画技巧，分别以山水、花鸟为主题，专心地传授给参加研讨会学习者。

2014 年 8 月第二届"泰国绘画艺术画展"在泰国北部黎府拉差帕皇家大学隆重举行，来自曼谷的几十位泰国画家，同拉差帕大学艺术教授及师生近千人参加了活动。泰中文化人联合会监委会主席吴令平及副主席侯少岩、邓玉清三位书画家应邀出席开幕仪式。

2014 年 12 月，泰国文化艺术展在是纳卡舜国立艺术大学隆重开幕，泰中文化人联合会监委会主席、中国书画世界行联合会常务副会长吴令平先生，文化使者、文化沙龙坛主初庆玲老师，作为特邀嘉宾，选送作品参展。初庆玲老师的国画《丝瓜》、吴令平主席的《梅》吸引了广大学生观众的兴趣，展现中国画之水墨清秀及高雅情趣。泰中文联与泰国国立艺术大学加强合作，努力融入泰国艺术主流社会。

泰中文化人联合会举办并参与国内外画展

吴令平是名书画家，自泰中文化人成立六七年来，他以他的专长，同时也是创会宗旨——文化为主题，与各国艺术家交流切磋，提高泰中文化人联合会的名气、社会影响和认可度。

为庆祝"联合国日"及纪念中国恢复联合国合法席位40周年，宣传中国为世界和平与发展事业所做出的贡献，促进联合国各成员间友好合作，联合国亚洲太平洋经济社会委员会于2011年10月24日（联合国日）在曼谷联合国亚太总部举办纪念活动，泰国王室、政府高官、各国驻泰使节、各国际组织、地区组织代表及泰国社会名流出席盛会。在中国常驻联合国亚洲及太平洋经济社会委员会代表处的倡导与支持下，泰中文化人联合会（泰中文联）在联合国亚太总部大厦大堂举办高格调的纪念"中华人民共和国恢复联合国合法席位四十周年"中泰优秀书画展及文艺演示。来自中国广东、湖南、江苏、河北等地的知名书画家与泰国的书画家们汇聚一堂，近百幅优秀作品展示在联合国亚太总部一楼大堂。参加展会的有国家一级美术师顾扬、顾真真父女，中华书法协会副主席刘长怀，广东潮汕水彩画院院长李小澄教授，河北东方美术学院教授陈楚生，湖南省优秀画家宋良、邓光明、杨强立等。由顾扬、陈楚生、李小澄、泰中文联主席吴令平四人主笔，全体参展中泰书画家合笔创作的 6.5 米长国画《东方日出·寰宇同辉》是画展的一个亮点。

文联主席吴令平荣获"亲情中华——世界华侨华人美术书法展"特邀作品并由中国国家博物馆收藏的油画作品《郑信大帝》

2012 年 9 月，"亲情中华——世界华侨华人美术书法展"在中国国家博物馆隆重开幕，全国政协副主席、中国文联主席孙家正出席开幕式并剪彩。中国侨联主席林军、著名书法家欧阳中石，中国书协副主席赵长青等暨 60 余位专程回国的海外艺术家和数百位国内书画界、侨界、新闻界人士出席。由中国侨联会同中国美协、中国书协邀请相关人士，组成美术、书法两个评委会。经评委会投票，共评选出特邀 39 幅作品（其中美术作品 24 幅，书法作品 15 幅）参展，包括欧阳中石、黄永玉、范曾等大家的作品。泰中文化人联合会主席吴令平先生送展油画作品《郑信大帝》入选为 24 幅特邀作品之一，并由中国国家博物馆收藏。

艺术没有国籍国界之分。由汕头市书画院、泰国巴汕密国立艺术大学、泰中文化人联合会、泰国艺术馆、暖他武里艺术协会联合举办的"翰墨传情——中泰友谊"书画展于 2012 年 10 月在曼谷艺术馆开幕。2012 年 12 月，泰国泰中文化人联合会在曼谷举办"中泰油画研讨会"。中国驻泰国大使馆文化参赞秦裕森，中国著名油画家、中央美术学院教授詹建俊，泰国艺术大学教授努金、林威昌、颂差等泰国著名油画家，泰中文化人联合会创会主席林栩、主席吴令平、副主席侯少岩等文化界知名人士、旅泰油画家出席。

在泰中文化人联合会、中国文化中心的策划与筹备下，2013 年 7 月在曼谷市中国文化中心隆重举办庆祝中泰建交 38 周年文化艺术节，中泰政府领导人、各界代表人士近 500 人见证了这一激动人心的历史场面。

2013 年 12 月，驻泰中资企业商会、泰中文化人联合会、三一重工（泰国）有限公司联合在曼谷中国文化中心举办"驻泰中资机构书画展览与三一重工成果图片展"。泰华各界热心文化艺术人士近 200 人出席展览活动并参观了优秀的作品。中国驻泰国前大使、书法家张九恒先生应邀发表热情洋溢的讲话，他高度评价该次画展。这是很有代表性的优势联盟，企业发展离不开文化，文化活动离不开企业的经济支持。

2015 年 11 月由泰中文化人联合会主办"庆祝泰中建交四十周年暨诗琳通公主六十华诞——泰中两国人民心中的伟人书画"展览。泰国文化部副部长差威叻阁下、中国驻泰国大使夫人初庆玲女士、文化参赞陈疆、中国文化中心主任蓝素红等嘉宾应邀出席。

一个民间文化侨社，在英明有能力的领导人的带领下，短短的几年，泰中文化人联合会举办无数次文化活动，走进泰国名牌大学，与泰国艺术家互相交流学习，更为了增进泰中友谊，弘扬中华文化。"我们这一代在泰国居住的二三十年中，肩负的是一个中国人的责任，所谓中华文化，肯定能提高一个民族的素质和知识，对此重任，当然是我们应该做的。"这是泰中文化人联合会主席吴令平向来坚持的原则。

中华美食在泰国

——访老山东餐馆尚延明

    在泰国，有一家名为老山东的华人餐厅非常受欢迎，在他的官网上有这样一段话：老山东（PEKING RESTAURANTS）是泰国最具知名度的中餐品牌，中国驻泰大使馆张九桓大使特别题词"众口难调调众口"。目前已发展为拥有数家分店及一家工厂，既有店面又有外送诸多业务的餐饮集团。各分店均由来自中国具有丰富经验的厨师亲自主理，做工精细，风味纯正，深受欢迎。以最地道中国北方菜闻名泰华。著名美食家他那诗亲王及著名美食家墨丹先生经常光顾品味，并大加赞赏，特授予泰国美食标志"大花碗"。由此可见泰国老山东餐厅在当地的知名度有多高。

    老山东的老板尚延明先生，20年前因为朋友的介绍从山东来到泰国。刚到泰国他就喜欢上了泰国，虽然语言是个大问题，因为泰语不同于英语，学习起来比较困难。不过好在泰国人对华人都非常友好，在刚到泰国的那段时间，尚先生得到了很多帮助。

    说到为什么要在泰国开中餐馆，尚先生表示："那个时候在泰国，中餐基本都以广东菜、潮州菜为主，并无北方菜系，所以就萌生了开一间以北方菜系为主的中餐馆的念头。"

原来，尚延明夫妻二人都是会计师毕业，巧的是太太擅长包饺子，于是夫妻二人开始了包送饺子的工作，太太负责包饺子，而尚延明负责外送。辛苦了一年多后，他们开始在百货公司摆小摊。

当时很有趣，他们的饺子摊写的是中文招牌，有好心人说：应该写上日文，那么受欢迎程度会更好。尚延明有些感悟，国弱被人欺，正在发展中的中国原来在他人的眼中评价是这样。作为一名正直的中国人，尚延明感激泰国华人的热心，同时也坚持用自己的品牌经营饺子生意。

皇天不负有心人，2001 年，尚延明夫妻在曼谷拍喃四巴吞湾巷开了一间最小的中餐店，当时店名是老山东面馆，每天包一两千个饺子。经营一间中餐馆容易，但是要经营一家好口碑人人相传的中餐馆很难。"老山东要做，就要做最正宗的，并且中国人要觉得好吃，泰国人也能接受的中餐，菜品一定是要让两方都喜欢。"

尚先生介绍说，老山东的厨师都是从国内过去的，每一个都有很多年的掌厨经验，对于山东菜系的口味把握非常到位。食材方面，以当地食材为主，有少部分泰国没有的菜品以及调料会选择从国内空运到当地。

作为泰国最受欢迎的中餐馆之一，老山东羊排算是餐馆一绝。肉质选用的是泰北清迈小山羊，这种羊一年四季都吃青草，肉质鲜嫩美味。通过大火炖煮后的羊肉，用煎的方式让它变得嚼劲十足，搭配老山东秘制的酱汁，让人食欲大增，是泰国老山东菜馆里点击率非常高的菜品。

饮食其实是文化企业，老山东菜馆积极参与中华文化节。每年中国驻泰大使馆会举办开大门迎新春活动，老山东餐馆定然参加，美食口碑一直不错。各国官员到访泰国大使馆，也定会选择老山东作为中餐名店宴请客人。值得一提的是每年朱拉隆功大学孔子学院到皇宫拜年必定会预订老山东菜馆的饺子作为拜年礼物送到皇宫。

"山东菜的适应性最强，而且很下功夫，广东菜的特点除了食材还要求新鲜。"在泰国难得有人这么深刻地研究中国菜，这也是老山东菜馆能够在泰国立足的原因之一吧。

中国饮食是中国的文化产业，尚延明认为如果要继续推广中国菜需要泰国媒体的影响，因为泰国是旅游国家，饮食文化除了泰国菜系，还容纳了国际性的饮食，为此，他最大的愿望就是能够成立泰国中华美食协会，希望通过协会，让更多的泰国人甚至海外人士喜欢中国菜。

尚延明不但在为人上值得赞赏，做事风格也得到了泰国社会的认可，2014 年在他的努力下创建了泰国山东总商会，会员有七八十人，为推广山东的文化、经济、企业等做了不少事儿。

泰国干果飞翔中国

——记荣华食品有限公司董事长徐光辉

一个青年男子，从中国来到泰国，为了完成母亲多年的心愿，原来他的母亲出生于泰国，十几岁回祖国学习，后来因为某些原因而再也无法返回泰国。作为儿子的他满怀信心代母亲完成心愿，代父亲照顾家庭。

徐光辉夫妇捐款泰国红十字会，受到诗琳通公主的接见

踏上泰国后他便在外祖父和舅舅的工厂里磨炼了十几年，累积生活及工作的经验，并接触干果、食品工业行业，也因此为他铺开了第一道经商路。当时的他不具有泰文的读、写、听、说能力，但他却拥有一颗努力上进的心。于是他利用周末和下班后的时间学习泰文，经过努力他会讲一口流利的泰语，并流利地书写泰文，这个男人就是徐光辉先生。

事业有成，名气大振

1993 年，徐光辉和他的太太胡燕婵多年的梦想终于实现，成立了荣华食品有限公司，泰国人坤睹为公司的经理，公司上上下下同心协力，从第一块砖瓦到产品出口国外，共同付出了努力。公司的繁荣发展虽然让徐光辉董事长身心疲倦，但为了确保公司的产品以及出口质量和达标计划，公司成立了一支具有专业水平的工作团队，从经理、负责人到员工，每人坚守岗位，共同为公司的发展做出努力。

为了扩大公司企业，2003 年，荣华食品有限公司决定建立分公司，成立了前鸿食品有限公司，有经验的老团队迅速地投入发展新公司企业，让新公司很快地进入发展轨道，产品销售欧美国家，并再一次创造辉煌的业绩。

目前，公司生产的干果在泰国食品工业方面排名前列，徐光辉董事长和公司全体职员经过了无数的奋斗和努力终于有了今天辉煌的成绩。徐光辉董事长不曾怨劳怨苦，不曾丢下公司职员；他敢于面对所有困难，和员工们共同努力，解决问题；呵护照顾员工们的生活和家庭，让公司的每一个员工都发自内心地拥戴徐光辉董事长夫妇，并且热爱荣华食品有限公司和前鸿食品有限公司的工作。

立足泰华工商人物

温文大方、彬彬有礼的徐光辉先生，目前担任泰国饶平同乡会会长及泰国工商企业联合会副会长，之前他出道不久，也没有经常在社团活动，但在一个特殊的日子，徐光辉在泰国工商企业联合会顾问切塔·塔那乍能上将的宴会上出现，初露光芒。

于是社会开始关注这位年轻的侨社领袖，他工厂制作的各种水果、蜜饯，销路遍及欧洲及美国、中国大陆，每个月都有多个货柜装船。近年来，他为泰国赚进不少外汇，在泰华社团第二代接班人选上算是一位财力足、有学问的后起之秀。

年仅五十多岁的徐光辉，来日方长，最少可为社团工作二十年以上。在国际贸易上，他经常与外国客户联系，故英文也不错。

工厂在拍喃二路的沙美南（挽坤天附近），闹中带静，为各种工厂林立之处，中央商场、密西、罗达都在那里开大型百货市场，可见该处之繁荣。

这几年欧美经济萧条，他把市场瞄向了中国大陆。他说：中国人口多啊，消费能力强，而我们的产品老少咸宜，特别是作为礼物，更适合赠予朋友或是顾客。很幸运，我的中文基础还行，这样行走中国大陆市场就不再是问题。

一个人的光辉形象不在于他的资产是多少，而是在于具有一颗善良的心和奋进的精神。年轻人的创业需要挑战精神，也需要高瞻远瞩和远大的抱负。徐光辉在泰华侨社的名望越来越大，他的为人却越来越谦虚，除了管理好事业，照顾他的职员，他不忘国家对他有恩，于是，为国家公益事业他捐款资助，为中国的地震和泰国的水灾捐了巨款。